全国高等教育自学考试指定教材

学习包

JINGJIFA GAILUN

经济法概论（财经类）

学程教育◎主编

中国人民大学出版社

·北京·

编委会

主任：崔玉洁

委员：柳国蕾　韩雨梅　张　宇　陈曼斐

出版前言

　　21世纪是一个变幻莫测的时代，是一个催人奋进的时代。抓住机遇，寻求发展，适应变化，战胜挑战的制胜法宝就是学习——内在自驱，终身学习。

　　作为我国高等教育组成部分的自学考试，其职责就是在高等教育层次上倡导自学、鼓励自学、帮助自学、推动自学，为每一个自学者铺就成才之路。组织编写供读者学习的教材就是履行这个职责的重要环节。毫无疑问，这类教材应当适合自学，应当有利于学习者了解和掌握新知识、新信息，有利于学习者形成自学能力、培养实践能力、增强创新意识，也有利于学习者学以致用，解决实际工作中所遇到的问题。为帮助广大考生快速掌握重要考点，以较短的备考时间顺利通过考试，赢在提升学历的起跑线上，北京学程教育科技有限公司以对高等教育自学考试事业极端负责、对考生极端热忱的工作精神，组织相关人员编写了本教材。

　　"经济法概论（财经类）"课程是全国高等教育自学考试经济管理类专业开设的必修课，是为自考学生学习经济法律基础知识和运用技能而设置的一门专业课程。这门课程涉及法律内容较多、出题范围较广。对于经济管理类专业自考学生来说，学好这门课程有利于培养其法律思维，为其日后在经济管理工作中周全考虑和妥善处理经济法相关问题打下坚实的基础。

　　本教材编委会在全国高等教育自学考试指定教材的基础上，通过研究最新考试大纲和历年考试真题，悉心编写了本教材。本教材具有以下五大特色：

> ## ➤ 学有章法，高效记忆

　　针对每个章节中的知识点进行星级标注，★★★为高频考点（一级知识点）；★★为中频考点（二级知识点），★为一般考点（三级知识点）。与此同时，对每个考点中的关键内容用波浪线进行了标注，考生可以一目了然地掌握知识精髓，从而由浅入深、层层递进地学习。

> ➤ **易考易错，了如指掌**

每个知识点后设有"易考点"栏目，每章后设有"难点回顾"栏目，这两个栏目更好、更全面地总结归纳了"前车之鉴"，便于考生在多次巩固重点的过程中掌握易考易错点，少走弯路，轻松复习。

> ➤ **真题演练，解析再现**

每章末尾均设有"真题演练"及"答案解析"栏目。实践是检验真理的唯一标准，考生学完"干货"后，需要"实操"把关。练习环节便于考生在学完本章内容后及时检验学习成果，再次强化记忆重点。

> ➤ **笔记随想，学习有样**

每个知识点旁均设有专属笔记区，设计人性化，考生可以边学边记，实现一书多用，让自学之路的点滴都有所依、有所属。更重要的是，错题和知识点也有了"正规"的"住处"，考生再次复习时，可快速回忆起问题点，找到学习的乐趣。

> ➤ **名师伴读，在线提分**

每章配有一个易考点或难点内容的视频讲解。考生打开微信扫描二维码即可观看视频。名师伴读，在线提分，让考生更方便、快捷、高效地学习。

学无止境，"过"有定法。既然选择了远方，就只有风雨兼程；只要你的心不拒绝奔跑，任何地点都可以成为起点。希望广大考生从一开始就树立起依靠自己学习的坚定信念，不断探索适合自己的学习方法，充分利用我们提供的复习资料和技巧，结合实际工作经验，最大限度地发挥自己的潜能，达到学习目标。

祝每一位考生自学成功，"试"在必得！

由于时间仓促，加之水平有限，本教材中的不当或者疏漏之处在所难免，恳请专家和读者批评指正。

编委会

2020 年 5 月

目录

第一章 公司法

备考指南

通过本章的学习，你应该：了解公司和公司法的概念及特征；掌握公司法的基本制度，特别是有关有限责任公司和股份有限公司的设立条件和程序、股东的权利和义务、公司的组织机构、股权转让等核心内容；对于国有独资公司，也应对其特殊性予以掌握。本章重要程度为★★★，多以选择题、简答题、论述题、案例题等形式出现，复习时，知识点中划线部分需要反复记忆，可充分利用书中的"小笔记"部分进行书写，确保熟记于心，自如运用到考试中。

学习目标

通过本章的学习，你将掌握以下知识点：

1. 公司的设立行为和设立程序。
2. 公司的合并与分立。
3. 公司董事、监事、高级管理人员的任职资格和义务。
4. 公司资本"三原则"。
5. 有限责任公司、股份有限公司。

PART 1 本章知识宝图

本章共3个考点，知识宝图见图1-1。图中对知识点用星标做了重要程度标注，★★★为高频考点（一级知识点），★★为中频考点（二级知识点），★为一般考点（三级知识点），考生可对照知识宝图循序渐进地复习。

```
                  公司法概述 ──── 公司法概述★★★

                                1.有限责任公司的设立和股东出资★★★
                                2.有限责任公司的股东及其权利义务★
公司法 ──────────  有限责任公司 ──── 3.有限责任公司的组织机构★★
                                4.国有独资公司★★
                                5.有限责任公司的股权转让★

                  股份有限公司 ──── 1.股份有限公司的设立、股份、股票和组织机构★★★
                                2.上市公司的特别规定★★
```

图1-1 本章知识宝图

PART 2 名师伴读

名师伴读，"码"上听课

本视频内容包含公司法概述、有限责任公司、股份有限公司等。

登录 http://www.rdlearning.cn 观看完整内容。

人大芸窗职教学苑名师伴读系列

PART 3 高频考点

小笔记

考点1 公司法概述

【★★★高频考点，常考题型：选择题、简答题、论述题、案例题】

1. 公司的定义

公司是具有独立的法人财产，享有法人财产权并以其全部财产对其债务承担责任的<u>企业法人</u>。

2. 公司的成立

<u>公司的成立日期是营业执照签发日期。</u>

3. 公司章程

公司章程是规定公司组织和行为的基本规则的重要文件，是由公司股东或发起人依法制定的。

（1）**公司章程具有法定性**【论述题】，表现为：①内容的法定性。公司章程的主要内容是由法律直接规定的。②形式的法定性。公司章程必须采用书面形式。③修改程序的法定性。公司章程的修改必须基于公司法规定的事由和法定程序，并及时进行变更备案。④效力的法定性。公司章程是公司的纲领性文件，对公司、股东、董事、监事、高级管理人员具有约束力。

（2）公司章程具有自治性，表现为：①公司章程是一种行为规范，是公司依法制定的而不是国家制定的。②公司章程是由公司予以执行的而非依靠国家强制力予以实施。③公司章程的效力只及于公司及相关当事人而不具有社会的普遍约束力。

4. 公司的合并【案例题】

（1）公司的合并包括新设合并和吸收合并。①**新设合并是指两个或两个以上的公司合并成一个新公司，参加合并的公司消灭**。②吸收合并是指两个或两个以上的公司合并，其中一个公司继续存在，其他公司均消灭。

（2）**有限责任公司的合并应由代表 2/3 以上表决权的股东通过；股份有限责任公司的合并应由出席会议的股东所持表决权的 2/3 以上通过。**

（3）公司合并后，原公司的股东可以继续成为合并后的公司的股东；**原公司的债权债务由合并后的公司概括承受。**

5. 公司的分立

（1）公司的分立主要有派生分立和新设分立。①派生分立是指公司将一部分财产分离出去，设立一个或多个新公司。②新设分立是指公司将其财产全部分割，分别设立两个或两个以上新公司。

（2）**公司分立前的债务由分立后的公司承担连带责任。**公司分立前与债权人就债务清偿达成协议另有约定的除外。

6. 公司资本"三原则"

（1）资本确定原则。

（2）资本维持原则。**公司成立后，股东不得抽回投资。**

（3）资本不变原则。

7. 不得担任公司董事、监事和高级管理人员的情形

有下列情形之一的，不得担任公司的董事、监事和高级管理人员：

（1）无民事行为能力人或者限制民事行为能力人。

（2）因贪污、贿赂、侵占财产、挪用财产或者破坏市场经济秩序，被判处刑罚，执行期满未逾5年，或者因犯罪被剥夺政治权利，执行期满未逾5年。

（3）担任破产清算的公司、企业的董事或者厂长、经理，对该公司、企业的破产负有个人责任的，自该公司、企业破产清算完结之日起未逾3年。

（4）担任因违法被吊销营业执照、责令关闭的公司、企业的法定代表人，并负有个人责任的，自该公司、企业被吊销营业执照之日起未逾3年。

（5）个人所负数额较大的债务到期未清偿。

公司的董事和高级管理人员不得兼任监事。【案例题】

8. 董事、监事、高级管理人员的忠实义务【简答题、案例题】

忠实义务是指公司的董事、监事、高级管理人员应忠实履行职责，维护公司利益。

忠实义务具体包括：

（1）不得利用自己的身份不当受益，如不得侵占公司财产、不得接受贿赂或者将他人与公司交易的佣金据为己有。

（2）不得擅自利用或处置公司财产，如不得将公司资金以个人名义存储、未经股东会或董事会同意不得用公司财产为他人提供担保。

（3）自我交易的规制，如不得未经股东会同意或违反公司章程，与本公司签订合同或进行交易。

（4）与公司间不正当竞争的规制，如不得非法谋取属于公司的商业机会或者利用职务便利为他人或自己抢占、争夺属于公司的商业机会。

（5）不得泄露公司秘密。

董事、监事和高级管理人员违反忠实义务所得应当归公司所有。

9. 职工参与公司民主管理的权利

国有独资公司、有限责任公司和股份有限公司的监事会中职工代表的比例不得低于1/3，具体比例由公司章程规定。

10. 公司的解散事由（原因）

（1）公司章程规定的营业期限届满或者公司章程规定的其他解散事由出现。

（2）股东或者股东大会决议解散。

（3）因公司合并或分立需要解散。

（4）依法被吊销营业执照、责令关闭或者被撤销。

（5）公司经营管理发生严重困难，继续存在会使股东利益受到重大损失，通过其他途径不能解决的，持有公司全部股东表决权 10％以上的股东可以请求人民法院解散公司，法院予以解散。

易考点

1. 公司的成立日期是营业执照签发日期。

2. 公司的合并与分立的概念、程序和法律效果。

3. 国有独资公司、有限责任公司和股份有限公司的监事会中职工代表的比例不得低于1/3。

▶ 考点 2　有限责任公司

【★★★一级知识点，常考题型：选择题、简答题、论述题、案例题】

1. 有限责任公司的设立条件

（1）股东符合法定人数和法定资格。（有限责任公司由 50 个以下股东出资设立。）

（2）股东共同制定公司章程。

（3）有公司名称，建立符合有限责任公司要求的组织机构。

（4）有公司住所。

2. 有限责任公司的设立程序【案例题】

（1）制定公司章程。

（2）股东认缴及缴付出资。股东应按期足额缴纳公司章程中规定的各自认缴的出资额。股东以货币出资的，应当将货币出资足额存入有限责任公司在银行开设的账户；以非货币出资的，应当依法办理财产权的转移手续。

（3）选举或确定公司机关。

（4）申请设立登记。

3. 有限责任公司的股东出资

（1）出资形式：有限责任公司的股东可以用货币出资，也可以用实物、知识产权、土地使用权等可以用货币估价并可以依法转让的非货币财产出资。

（2）出资证明书：【案例题】有限责任公司成立后，应当向股东签发出资证明书。出资证明书应当载明下列事项：①公司名称。②公司成立日期。③公司注册资本。④股东的姓名或名称、缴纳的出资额和出资日期。⑤出资证明书的编号和核发日期。出资证明书由公司盖章。

4. 有限责任公司的股东及其权利义务

（1）**股东名册**：有限责任公司应当置备股东名册，股东名册的记载事项为：

①股东的姓名或者名称及住所。

②股东的出资额。

③出资证明书编号。

（2）**股东的权利**：【案例题】

①出席股东会的权利，参与公司重大决策和选择经营管理者的权利。

②被选举为公司董事、监事的权利。

③查阅股东会会议记录和公司财务报告的权利。

④按比例获取红利的权利。

⑤公司新增出资时，享有优先认购的权利。

⑥**对其他股东转让出资在同等条件下的优先认购权**，如有多个股东均欲购买，则按出资比例享有优先认购权。

⑦为公司及股东利益起诉董事、高级管理人员的权利等。

（3）**股东的义务**：【简答题】

①缴纳所认缴的出资。

②遵守公司章程。

③以其缴纳的出资为限对公司承担责任。

④在公司核准登记后，不得抽逃出资。

⑤对公司其他股东的诚信义务等。

5. 有限责任公司的组织机构

有限责任公司的组织机构包括股东会、董事会、监事会。

有限责任公司人数较少或者规模较小的，可以设 1 名执行董事，不设董事会；设 1 名至 2 名监事，不设监事会。一人有限责任公司和国有独资公司不设股东会。

（1）股东会。

①**股东会**是对于公司经营管理和各种涉及股东权益事宜拥有最高决策权的**公司权力机构**。

②**股东会的召集**。【案例题】有权提议召开临时会议的人是：代表 1/10 以上表决权的股东；1/3 以上的董事；监事会或者不设监事会的公司的监事。**股东会的首次会议由出资最多的股东召集和主持**。设立董事会

的，股东会会议由董事会召集，董事长主持；董事长不能履行职务或不履行职务的，由副董事长主持；副董事长不能履行职务或不履行职务的，由半数以上董事共同推举一名董事主持。不设董事会的，股东会会议由执行董事召集和主持。董事会或执行董事不能履行或者不履行召集股东会会议职责的，由监事会或不设监事会的公司的监事召集和主持。监事会或监事不召集和主持的，代表 1/10 以上表决权的股东可以自行召集和主持。召开股东会会议，除公司章程另有规定或全体股东另有约定外，应于会议召开前 15 日通知全体股东。

③股东会的议事规则。【选择题、案例题】股东会决议分为普通决议和特别决议。普通决议是指对一般事项所作的决议，一般只需代表一半以上表决权的股东同意即可，但对于修改公司章程、增加或者减少公司注册资本的决议，以及公司合并、分立、解散或者变更公司形式的决议，属特别决议，必须经代表 2/3 以上表决权的股东通过。

（2）董事会。

①董事会是有限责任公司的经营决策和业务执行机构，是公司的常设机构。

②董事会的职权。【案例题】召集股东会会议，并向股东会报告工作；执行股东会的决议；决定公司的经营计划和投资方案；制订公司的年度财务预算方案、决算方案；制订公司的利润分配方案和弥补亏损方案；制订公司增加或者减少注册资本以及发行公司债券的方案；制订公司合并、分立、解散或者变更公司形式的方案；决定公司内部管理机构的设置；决定聘任或者解聘公司经理及其报酬事项，并根据经理的提名决定聘请或者解聘公司副经理、财务负责人及其报酬事项；制定公司的基本管理制度；公司章程规定的其他职权。董事会的任何职权不得对抗股东会决议。

③董事会会议的召集。董事会会议由董事长召集和主持；董事长不能履行或者不履行职务的，由副董事长召集和主持；副董事长不能履行职务或者不履行职务的，由半数以上董事共同推举一名董事召集和主持。

（3）监事会。

①监事会是公司的监督机构，但不是必设机构，小规模有限责任公司可以不设监事会而只设 1～2 名监事。【案例题】

②监事会的职权。监事会或者不设监事会的公司的监事的职权是：检查公司财务；对董事、高级管理人员执行公司职务的行为进行监督，对违

反法律、行政法规、公司章程或者股东会决议的董事、高级管理人员提出罢免的建议；当董事、高级管理人员的行为损害公司的利益时，要求董事、高级管理人员予以纠正；**提议召开临时股东会会议，在董事会不履行《公司法》规定的召集和主持股东会会议职责时召集和主持股东会会议**；向股东会会议提出提案；依照《公司法》的规定，对董事、高级管理人员提起诉讼；公司章程规定的其他职权。

6. 国有独资公司

国有独资公司的**监事会是由国有资产监督管理机构委派**，属于外部监事会，不同于一般有限责任公司作为内设机构的监事会。国有独资公司的监事会以财务监督为核心。国有独资公司的**监事会成员不得少于5人，其中职工代表不低于1/3**，监事会中的**职工代表由职工代表大会选举产生**。**监事会主席由国有资产监督管理机构从监事会成员中指定**。监事会的职权与一般有限责任公司监事会的职权相同。

7. 有限责任公司的股权转让

（1）**股权的对内转让和对外转让**：【案例题】**公司股东之间转让股权，即对内转让，只要转让方和受让方达成合意即可，其他股东无权干涉**。但股东对外转让股权，即向公司以外的人转让股权，除公司章程对股权转让另有规定外，应遵守下列规定：

①**经其他股东过半数同意**。

②转让股东应在转让前就股权转让事项通知和征求其他股东的意见。

③其他股东在同等条件下享有优先购买权。**如果两个以上股东主张行使优先购买权的，协商确定各自的购买比例；协商不成的，按照转让时各自的出资比例行使优先购买权**。

（2）**异议股东的股权收购请求权**。【论述题】这是指对公司重大交易事项表示异议的股东，可请求公司以公平的价格买回其出资的股本而退出公司的权利。**异议股东可行使股权收购请求权的情形有**：

①公司连续5年不向股东分配利润，而公司该5年连续盈利，并且符合《公司法》规定的分配利润条件的。

②公司合并、分立、转让主要财产的。

③公司章程规定的营业期限届满或者章程规定的其他解散事由出现，股东会会议通过决议修改章程使公司存续的。由于公司收购股权会引起注册资本的减少及实收资本的变更，因此，公司收购股权后，应依法办理变更登记。

易考点

1. 有限责任公司的股东构成。
2. 有限责任公司股东的出资形式。
3. 有限责任公司股东会、董事会、监事会的召集和议事规则。
4. 国有独资公司的董事会、监事会的特别规定。
5. 股权的转让和异议股东的股权收购请求权。

考点3　股份有限公司

【★★二级知识点，常考题型：选择题、案例题】

1. 股份有限公司的设立方式

股份有限公司的设立方式有发起设立和募集设立。对于募集设立，股份有限公司的股本分别由发起人认缴和社会公开募集，其中发起人认购股份数不少于公司股份总数的35%。

2. 股份有限公司的发起人责任

（1）股份有限公司成立后，发起人未按照公司章程的规定缴足出资的，应当补缴；其他发起人承担连带责任。

（2）股份有限公司成立后，发现作为设立公司出资的非货币财产的实际价额显著低于公司章程所定价额的，应当由交付该出资的发起人补足其差额；其他发起人承担连带责任。

（3）公司不能成立时，对设立行为所产生的债务和费用负连带责任。

（4）公司不能成立时，对认股人已缴纳的股款，负返还股款并加算银行同期存款利息的连带责任。

（5）在公司设立过程中，由于发起人的过失致使公司利益受到损害的，应当对公司承担赔偿责任。

3. 股份或股票的发行

（1）**股份或股票发行的分类**：分为设立发行和新股发行。

（2）**股份发行的价格**：股票发行价格可以按票面金额，也可以超过票面金额，但不得低于票面金额。股份的转让或交易可以低于票面金额。

（3）**股份转让的限制**：

①发起人持有的本公司股份，自公司成立之日起1年内不得转让。

②公司公开发行股份前已发行的股份，自公司股票在证券交易所上市交易之日起1年内不得转让。

③公司董事、监事、高级管理人员应向公司申报所持有的本公司的股份

及变动情况，在任职期间每年转让的股份不得超过其所持有本公司股份总数的**25%**；所持本公司股份自公司股票上市交易之日起 1 年内不得转让。

④公司董事、监事、高级管理人员离职后半年内，不得转让其所持有的本公司股份。

⑤公司章程可以对公司董事、监事、高级管理人员转让其所持有的本公司股份作出其他限制性规定。

4. 股份有限公司的组织机构

（1）股东大会。

①**股东大会**是由全体股东组成的**公司权力机关**。

②**有下列情形之一的，应当在两个月内召开临时股东大会**：董事人数不足《公司法》规定人数或者公司章程规定人数的 2/3 时；公司未弥补的亏损额达实收股本总额 1/3 时；单独或者合计持有公司 10% 以上股份的股东请求时；董事会认为必要时；监事会提议召开时；公司章程规定的其他情形。召开股东大会会议，应当将会议召开的时间、地点和审议的事项于会议召开 20 日前通知各股东；**临时股东大会应当于会议召开 15 日前通知各股东**。【案例题】

③**议事规则**。股东大会的决议分为普通决议和特别决议。普通决议是指**对公司一般事项和任免董事、监事及决定其报酬事项所作的决议，只需出席会议的股东所持表决权过半数通过**即可生效。特别决议是指股东大会就**修改公司章程，增加或者减少注册资本，以及公司合并、分立、解散或者变更公司形式所作的决议，必须经出席会议的股东所持表决权的 2/3 以上通过**。【选择题、案例题】

（2）董事会。

①**董事会**是股份有限公司的**经营决策和执行机关**，是必设机构。

②**议事规则**：董事会会议应有**过半数董事出席**方可举行。董事会决议必须经**全体董事过半数**通过。

（3）**监事会**。

监事会是股份有限公司的监督机关。股份有限公司必须设监事会，其成员不得少于 3 人。

5. 上市公司

（1）**上市公司需经股东会表决的重大事项**：上市公司在 1 年内购买、出售重大资产或者担保金额超过公司资产总额 30% 的，应当**由股东大会作出决议**，并经**出席会议的股东所持表决权的 2/3 以上通过**。

（2）**独立董事**：又称外部董事，指独立于公司的管理层、不存在与公司有任何可能严重影响其作出独立判断的交易和关系的非全日制工作董事。独立董事的作用主要有：能通过其专业性和权威性，弥补董事会决策的失误，提升董事会的整体水平；能够对大股东推荐的董事长起到牵制和制衡作用，维护小股东的利益。

（3）**上市公司必须公开披露的信息包括**：招股说明书；上市报告书；财务会计报告；定期报告，包括中期报告、年度报告；临时报告，包括重大事件公告和上市公司的收购公告。

易考点

1. 股份有限公司的设立方式：发起设立和募集设立。
2. 股份有限公司股份和股票的概念、特征。
3. 股份有限公司股份转让的限制。
4. 股份有限公司股东大会、董事会、监事会的召开和议事规则。
5. 上市公司的独立董事。

PART 4　难点回顾

🔍 公司的设立行为和设立程序。
🔍 公司章程的作用、法定性和自治性。
🔍 公司合并的程序和法律效果，公司分立的程序和法律效果。
🔍 公司资本的"三原则"。
🔍 公司董事、监事、高级管理人员的忠实义务。
🔍 股东的权利和义务。
🔍 有限责任公司、股份有限公司组织机构的召集（开）及议事规则。
🔍 有限责任公司的股权转让、股份有限公司的股份转让。

过考百科

　　公司法从2005年到现在有过一些小的修订。上市公司有些规则还在不断完善中，最高人民法院陆续就公司自行清算、出资和股权等财产纠纷出台了司法解释，现在针对集体性权利进行规定，可以说进行了系统化的努力。不过还有很多重大的公司法命题需要细化，有些也存在着很大争议，包括股权转让规则、担保效力、并购重组、员工持股、公司融资、董事和高管人员责任等。也就是说，现有的规则主要还是集中在股东和股权这个层面，公司、董事和高级管理人员这些层面的规则未来还会继续补充完善。

PART 5 真题演练

一、单选题

1.【2011年1月】募集设立股份有限公司的股本分别由发起人认购和社会公开募集，发起人认购股份数不少于公司股份总数的（　　）。

A. 20％   B. 25％   C. 30％   D. 35％

2.【2011年10月】下列不属于公司资本"三原则"的是（　　）。

A. 资本确定原则   B. 资本真实原则   C. 资本维持原则   D. 资本不变原则

3.△【2011年10月】下列不属于有限责任公司股东名册记载事项的是（　　）。

A. 股东的姓名或者名称及住所   B. 股东的出资额

C. 股东的出资日期   D. 出资证明书编号

4.【2011年10月】股份有限公司的董事、监事、高级管理人员应当向公司申报其持有的本公司的股份及其变动情况，在任职期间每年转让的股份不得超过其所持有本公司股份总数的（　　）。

A. 10％   B. 25％   C. 35％   D. 50％

5.【2012年1月】国有独资公司监事会成员不得少于5人，其中职工代表的比例不得低于（　　）。

A. 1/2   B. 1/3   C. 1/4   D. 1/5

6.△【2013年1月】某矿业股份有限公司召开董事会讨论公司投资方案，该公司共有9名董事。以下关于董事会召开及决议事宜的表述，正确的是（　　）。

A. 该公司董事会会议应有过半数的董事出席方可举行

B. 该公司董事会会议应有2/3以上的董事出席方可举行

C. 该公司董事会要作出决议必须由出席会议的董事的过半数通过

D. 该公司董事会要作出决议必须由出席会议的董事的2/3以上通过

7.△【2016年10月】以下情形中，应当召开股份有限公司临时股东大会的是（　　）。

A. 董事长提议召开时

B. 1/3董事提议召开时

C. 合计持有公司5％股份的股东请求时

D. 董事人数不足公司章程规定人数2/3时

8.△【2014年10月】关于股东会的议事表决规则，以下表述正确的是（　　）。

A. 公司合并的决议，要求代表1/2以上表决权的股东同意

B. 变更公司形式的决议，要求代表2/3以上表决权的股东同意

C. 增加公司注册资本的决议，要求代表1/2以上表决权的股东同意

D. 减少公司注册资本的决议，要求代表 1/2 以上表决权的股东同意

9.【2015 年 4 月】下列有关股份有限公司股份发行和转让的表述，错误的是（　　）。

A. 股份的转让价格可以低于股票票面金额

B. 股份发行价可以低于股票票面金额

C. 股份发行的原则是同股同权、同股同价

D. 股份发行可分为设立发行和新股发行

10.【2015 年 10 月】某有限责任公司设立了股东会、董事会和监事会，该公司董事会长期不履行召集股东会议的职责。在此情况下有权召集和主持股东会会议的是（　　）。

A. 监事会　　　　　B. 总经理　　　　　C. 工会主席　　　　　D. 出资最多的股东

11.【2015 年 10 月】我国公司法规定，有限责任公司股东人数为（　　）。

A. 1 个以上 20 个以下　　　　　　　　B. 1 个以上 50 个以下

C. 2 个以上 20 个以下　　　　　　　　D. 2 个以上 50 个以下

12.【2016 年 4 月】有限责任公司的权力机构是（　　）。

A. 股东会　　　　　B. 董事会　　　　　C. 监事会　　　　　D. 工会

13.△【2016 年 10 月】某股份有限公司决定增加公司注册资本。按照规定，增资决议必须经（　　）。

A. 全体股东一致通过

B. 全体股东所持表决权的半数以上通过

C. 出席会议的股东所持表决权的 2/3 以上通过

D. 全体股东所持表决权的 2/3 以上通过

14.【2016 年 10 月】以募集方式设立股份有限公司不能成立时，因设立行为而产生的费用和债务应当由（　　）。

A. 发起人承担连带责任　　　　　　　B. 全体认股人承担连带责任

C. 全体认股人承担按份责任　　　　　D. 发起人在认缴的股款范围内承担责任

15.【2017 年 4 月】上市公司在 1 年内购买、出售重大资产或者担保金额超过公司资产总额 30% 的，应当由（　　）。

A. 股东大会作出决议　　　　　　　　B. 董事长决定

C. 监事会主席决定　　　　　　　　　D. 总经理决定

易　错　题

第 1 题、第 4 题、第 6 题、第 8 题、第 13 题为易错题，考生需要牢牢掌握知识点，考试时认真审题，避免作答失误。

△表示该题所涉及知识点为高频考点。

二、主观题

1. 简述董事的忠实义务。

2. 试述异议股东的股权收购请求权。

PART 6 答案解析 ✕

一、单选题

1. 答案：D

解析：对于募集设立，股份有限公司的股本分别由发起人认缴和社会公开募集，其中发起人认购股份数不少于公司股份总数的35%。

2. 答案：B

解析：公司资本"三原则"：资本确定原则、资本维持原则、资本不变原则。

3. 答案：C

解析：有限责任公司应当置备股东名册，股东名册的记载事项为：股东的姓名或者名称及住所、股东的出资额、出资证明书编号。

4. 答案：B

解析：公司董事、监事、高级管理人员应向公司申报所持有的本公司的股份及变动情况，在任职期间每年转让的股份不得超过其所持有本公司股份总数的25%。

5. 答案：B

解析：国有独资公司监事会成员不得少于5人，其中职工代表不低于1/3，监事会中的职工代表由职工代表大会选举产生。

6. 答案：A

解析：董事会会议应有过半数董事出席方可举行。董事会决议必须经全体董事过半数通过。

7. 答案：D

解析：有下列情形之一的，应当在两个月内召开临时股东大会：

(1) 董事人数不足《公司法》规定人数或者公司章程规定人数的2/3时。

(2) 公司未弥补的亏损额达实收股本总额1/3时。

(3) 单独或者合计持有公司10%以上股份的股东请求时。

(4) 董事会认为必要时。

(5) 监事会提议召开时。

(6) 公司章程规定的其他情形。

8. 答案：B

解析：股东大会的决议分为普通决议和特别决议。普通决议是指对公司一般事项和任免董事、监事及决定其报酬事项所作的决议，只需出席会议的股东所持表决权过半数通过即可生效。特别决议是指股东大会就修改公司章程、增加或者减少注册资本，以及公司合并、分立、解散或者变更公司形式所作的决议，必须经出席会议的股东所持表决权的2/3以上通过。

9. 答案：B

解析：股票发行价格可以按票面金额，也可以超过票面金额，但不得低于票面金额。但股份的转让或交易可以低于票面金额。

10. 答案：A

解析：有权提议召开临时会议的人是：（1）代表1/10以上表决权的股东。（2）1/3以上的董事。（3）监事会或者不设监事会的公司的监事。该公司董事会长期不履行召集股东会议的职责，在此情况下有权召集和主持股东会会议的是监事会。

11. 答案：B

解析：我国《公司法》第24条规定，有限责任公司由50个以下股东出资组成。

12. 答案：A

解析：股东会是对于公司经营管理和各种涉及股东权益事宜拥有最高决策权的公司权力机构。

13. 答案：C

解析：增资决议必须经出席会议的股东所持表决权的2/3以上通过。

14. 答案：A

解析：以募集方式设立股份有限公司不能成立时，因设立行为而产生的费用和债务应当由发起人承担连带责任。

15. 答案：A

解析：上市公司在1年内购买、出售重大资产或者担保金额超过公司资产总额30%的，应当由股东大会作出决议，并经出席会议的股东所持表决权的2/3以上通过。

二、主观题

1. 答：董事的忠实义务如下：

（1）不得利用自己的身份不当受益。

（2）不得擅自利用或处置公司财产。

（3）自我交易的规制。

（4）与公司间不正当竞争的规制。

（5）不得泄露公司秘密。

2. 答：异议股东的股权收购请求权是指对公司重大交易事项表示异议的股东，可请求公司以公平的价格买回其出资的股本而退出公司的权利。

依据《公司法》第 74 条的规定，异议股东可行使股权收购请求权的情形有：

（1）公司连续 5 年不向股东分配利润，而公司该 5 年连续盈利，并且符合《公司法》规定的分配利润条件的。

（2）公司合并、分立、转让主要财产的。

（3）公司章程规定的营业期限届满或者章程规定的其他解散事由出现，股东会会议通过决议修改章程使公司存续的。

由于公司收购股权会引起注册资本的减少及实收资本的变更，因此，公司收购股权后，应依法办理变更登记。

恭喜你完成了第一章的学习，全书章节进度已完成 1/10。前路漫漫，岁月悠悠，愿流年笑掷，愿未来可期。在此，请记录下你的学习心得吧。

第二章　合伙企业法与个人独资企业法

备考指南

　　合伙企业和个人独资企业也是我国市场经济的重要主体。通过本章的学习，你应该：了解合伙企业的概念和特征、个人独资企业的概念和特征；掌握普通合伙企业和特殊合伙企业的设立、合伙企业的内部关系和外部关系。本章重要程度为★★★，多以选择题、简答题、论述题、案例题等形式出现，复习时，知识点中划线部分需要反复记忆，可充分利用书中的"小笔记"部分进行书写，确保熟记于心，自如运用到考试中。

学习目标

　　通过本章的学习，你将掌握以下知识点：

1. 合伙企业的概念、类型、解散与清算。
2. 普通合伙企业。
3. 有限合伙企业。
4. 个人独资企业。

PART 1 本章知识宝图 ✐

本章共 4 个考点，知识宝图见图 2-1。图中对知识点用星标做了重要程度标注，★★★为高频考点，★★为中频考点，★为一般考点，考生可对照知识宝图循序渐进地复习。

```
                                                          ┌─────────────────────┐
                                        ┌── 合伙企业法 ──│ 1.合伙企业的概念与类型★★ │
                                        │                │ 2.普通合伙企业★★★      │
合伙企业法与个人独资企业法 ──┤                │ 3.有限合伙企业★★★      │
                                        │                └─────────────────────┘
                                        └── 个人独资企业法 ── 个人独资企业法★★
```

图 2-1 本章知识宝图

PART 2 名师伴读 🎧

名师伴读，"码"上听课

本视频内容包含有限合伙企业、合伙企业的解散和清算等。

登录 http://51xcjyw.com/index.do 观看完整内容。

人大芸窗职教学苑名师伴读系列

PART 3 高频考点 ✏

小笔记 ▶ **考点 4 合伙企业的概念与类型**

【★★二级知识点，常考题型：选择题、简答题】

1. 合伙企业的特征【选择题、简答题】

（1）由两个以上的投资人共同投资兴办。合伙企业的投资人可以是具有完全民事行为能力的自然人，还可以是法人或者其他组织，但必须为两个或者两个以上合伙人；有限合伙企业由 2 个以上 50 个以下合伙人设立。

（2）合伙协议是合伙企业的成立基础。

（3）合伙企业属于人合企业。合伙企业中的合伙人共同参与企业的经营管理，对合伙事务的执行有同等的权利。但有限合伙企业的有限合伙人不执行合伙事务，不对外代表有限合伙企业。

（4）普通合伙人对合伙企业债务负无限连带责任；有限合伙人对合伙企业债务承担有限责任。

2. 普通合伙企业的定义

普通合伙企业是指由普通合伙人组成，合伙人对合伙企业债务承担无限连带责任的企业。

3. 有限合伙企业的定义

有限合伙企业是指由普通合伙和有限合伙人组成，普通合伙人对合伙企业债务承担连带无限责任，有限合伙人以其认缴的出资额对合伙企业债务承担有限责任的合伙企业。

易 考 点

1. 合伙企业的特征。

2. 普通合伙人对合伙企业债务承担无限连带责任，有限合伙人以其认缴的出资额对合伙企业债务承担有限责任。

▶ 考点5　普通合伙企业

【★★★一级知识点，常考题型：选择题、简答题、案例题】

1. 普通合伙企业的设立条件【选择题、简答题、案例题】

（1）有两个以上合伙人。合伙人为自然人的，应具有完全民事行为能力。合伙人可以是法人或其他组织，但国有独资公司、国有企业、上市公司以及公益性的事业单位、社会团体不得成为普通合伙人。

（2）有书面合伙协议。

（3）有合伙人认缴或实际缴付的出资。

（4）有合伙企业的名称和生产经营场所，其名称应当标明"普通合伙"字样。

（5）法律、行政法规规定的其他条件。

2. 合伙人的出资形式

除货币、实物、土地使用权、知识产权和其他财产权利外，普通合伙人还可以个人劳务出资。

3. 合伙事务的执行

合伙人对执行合伙事务享有同等的权利。合伙企业既可以由全体合伙人共同执行合伙事务，也可由合伙协议约定或全体合伙人决定，委托一个或数个合伙人对外代表合伙企业，执行合伙事务。不执行合伙事务的合伙人对合伙事务的执行有监督权。合伙事务执行人应当定期向其他合伙人报告合伙事务执行情况以及合伙企业的经营和财务状况，其执行合伙事务的收益归合伙企业，所产生的费用和亏损由合伙企业承担。

4. 合伙事务的决定【选择题、案例题】

下列事项，除合伙协议另有约定外，应经全体合伙人一致同意：

(1) 改变合伙企业的名称。

(2) 改变合伙企业的经营范围、主要经营场所的地点。

(3) 处分合伙企业的不动产。

(4) 转让或处分合伙企业的知识产权和其他财产权利。

(5) 以合伙企业名义为他人提供担保。

(6) 聘任合伙人以外的人担任合伙企业的经营管理人员。

5. 合伙企业损益的分配与承担

合伙企业的利润分配或亏损分担，按照合伙协议的规定处理。合伙协议没有约定或约定不明确的，由合伙人协商确定；不能协商的，由合伙人按实际出资比例分配、分担；无法明确出资比例的，由合伙人平均分配、分担。但合伙协议不得约定将全部利润分配给部分合伙人或由部分合伙人承担全部亏损。

6. 入伙

除入伙协议另有约定外，新合伙人与原合伙人享有同等权利，承担同等责任。但新合伙人对入伙前的合伙企业债务承担无限连带责任。

7. 退伙

退伙分为自愿退伙、当然退伙和除名退伙。

(1) 自愿退伙是基于合伙人自身的意愿而发生的退伙。合伙协议未约定合伙期限的，合伙人在不给合伙企业造成不利影响的情况下，可以退伙，但应提前30日通知其他合伙人。合伙协议约定了合伙期限的，有下列情形之一的，合伙人可以退伙：①合伙协议约定的退伙事由出现。②经全体合伙人一致同意。③发生合伙人难以继续参加合伙的事由。④其他合伙人严重违反合伙协议约定的义务。

(2) 当然退伙是指法律规定的特定事由出现时，自动引发的退伙。这些特定事由包括：①作为合伙人的自然人死亡或者宣告死亡。②个人丧失偿债能力。③作为合伙人的法人或者其他组织依法被吊销营业执照、责令关闭、被撤销，或者被宣告破产。④法律规定或者合伙协议约定合伙人必须具有相关资格而合伙人丧失该资格。⑤合伙人在合伙企业中的全部财产份额被人民法院强制执行。上述事由发生之日为退伙的生效日。

(3) 除名退伙是指因合伙人出现特定的事由，由合伙企业将其开除而引发的退伙。合伙人有下列情形之一的，经其他合伙人一致同意，可以决议将其除名：①未履行出资义务。②因故意或重大过失给合伙企业造成损失。③执行合伙事务时有不正当行为。④发生合伙协议约定的事由。

8. 特殊的普通合伙企业

其最大的特殊性在于合伙责任的承担。一个合伙人或多个合伙人在执行业务活动中因故意或重大过失造成合伙企业债务的，应当承担无限责任或无限连带责任，其他合伙人以其在合伙财产中的份额为限承担责任。合伙人非因故意或重大过失造成合伙企业债务以及合伙企业的其他债务，由全体合伙人承担无限连带责任。

易考点

1. 合伙人的出资形式：除货币、实物、土地使用权、知识产权和其他财产权利外，普通合伙人还可以个人劳务出资。

2. 合伙企业损益的分配与承担。

3. 特殊的普通合伙企业。

考点6　有限合伙企业

【★★★一级知识点，常考题型：选择题、简答题】

1. 有限合伙企业的设立

（1）由2个以上50个以下合伙人设立，并且至少有一个普通合伙人。

（2）有限合伙企业中有限合伙人不得以劳务出资。

（3）有限合伙企业的名称中应标明"有限合伙"字样。

2. 有限合伙企业的事务执行

（1）有限合伙企业应当由普通合伙人执行合伙事务，有限合伙人不执行合伙事务。

（2）有限合伙人的下列行为，不视为执行合伙事务：①参与决定普通合伙人入伙、退伙。②对企业的经营管理提出建议。③参与选择承办有限合伙企业审计业务的会计师事务所。④获取经审计的有限合伙企业财务会计报告。⑤对涉及自身利益的情况，查阅有限合伙企业财务会计账簿等财务资料。⑥在有限合伙企业中的利益受到侵害时，向有责任的合伙人主张权利或者提起诉讼。⑦执行事务合伙人怠于行使权利时，督促其行使权利或者为了本企业的利益以自己的名义提起诉讼。⑧依法为本企业提供担保。

（3）对于有限合伙人，除合伙协议另有约定外，法律还赋予其一些特殊权利：①可以同本有限合伙企业进行交易。②可以自营或者同他人合作经营与本合伙企业相竞争的业务。③可以将其在有限合伙企业中的财产份额出质。

3. 入伙

新入伙成员属于有限合伙人的，对入伙前有限合伙企业的债务，以其认缴的出资额为限承担责任。

4. 退伙

（1）有限合伙人丧失偿债能力不能作为当然退伙的法定事由。

（2）有限合伙人丧失民事行为能力的，其他合伙人不能因此要求其退伙。

（3）有限合伙人死亡或被宣告死亡以及作为有限合伙人的法人及其他组织终止时，其继承人或权利承受人可以依法取得该有限合伙人在有限合伙企业中的资格。

（4）有限合伙人退伙后，对基于退伙前的原因发生的有限合伙企业债务，以其退伙时从有限合伙企业中取回的财产承担责任。

5. 有限合伙人与普通合伙人之间的转化

除合伙协议另有约定外，普通合伙人转变为有限合伙人或有限合伙人转变为普通合伙人，应经全体合伙人一致同意。有限合伙人转变为普通合伙人的，对其作为有限合伙人期间有限合伙企业发生的债务承担无限连带责任；普通合伙人转变为有限合伙的，对其作为普通合伙人期间合伙企业发生的债务承担无限连带责任。

6. 合伙企业有下列情形之一的，应当解散【选择题、简答题】

（1）合伙期限届满，合伙人决定不再继续经营。

（2）合伙协议约定的解散事由出现。

（3）全体合伙人决定解散。

（4）合伙人已不具备法定人数满 30 天。

（5）合伙协议约定的合伙目的已经实现或无法实现。

（6）依法被吊销营业执照、责令关闭或被撤销。

（7）法律、法规规定的其他原因。

易 考 点

1. 有限合伙企业的设立：由 2 个以上 50 个以下合伙人设立，并且至少有一个普通合伙人；有限合伙企业中有限合伙人不得以劳务出资；有限合伙企业的名称中应标明"有限合伙"字样。

2. 有限合伙人的特殊权利。

3. 有限合伙人与普通合伙人之间的转化。

▶ **考点 7　个人独资企业法**

【★★二级知识点，常考题型：选择题】

1. 个人独资企业的概念和特征

（1）概念：个人独资企业是指由一个自然人投资，财产为投资人所有，投资人以其个人财产或家庭财产对企业债务承担无限责任的企业。

（2）特征：①个人独资企业的出资人为一个自然人。②个人独资企业的全部财产为出资人所有。③个人独资企业以投资人的全部个人财产或家庭财产对企业债务承担无限责任。

2. 个人独资企业的设立条件

（1）投资人为一个自然人。

（2）有合法的企业名称。

（3）有投资人申报的出资。

（4）有固定的生产经营场所和必要的生产经营条件。

（5）有必要的从业人员。

3. 个人独资企业的解散原因

（1）投资人决定解散。

（2）投资人死亡，无继承人或继承人决定放弃继承。

（3）被依法吊销营业执照。

（4）法律、行政法规规定的其他情况。

4. 个人独资企业的清算

（1）个人独资企业解散，应当由投资人自行清算或者由债权人申请人民法院指定清算人清算。由投资人自行清算的，投资人应在清算前 15 日内书面通知债权人；无法通知的，应当予以公告。债权人在接到通知之日起 30 日内，未接到通知的，可以在公告之日起 60 日内，向债权人申报债权。

（2）个人独资企业解散后，原投资人对个人独资企业存续期间的债务仍承担偿还责任。但债权人在个人独资企业解散后 5 年内未向原投资人提出偿债请求的，原投资人的偿还责任消灭。

易 考 点

1. 个人独资企业的特征。

2. 个人独资企业的解散原因。

3. 债权人在个人独资企业解散后 5 年内未向原投资人提出偿债请求的，原投资人的偿还责任消灭。

PART 4 难点回顾

🔍 普通合伙企业的设立、合伙人的出资与合伙企业的财产、特殊的普通合伙企业。

🔍 普通合伙企业的内部关系与外部关系。

🔍 有限合伙企业的设立、有限合伙人与普通合伙人之间的转化。

🔍 有限合伙企业的内部关系与外部关系。

过考百科

设立合伙企业应当具备哪些条件？

（1）有两个以上合伙人。合伙人为自然人的，应当具有完全民事行为能力。

（2）有书面合伙协议。

（3）法律、行政法规规定的其他条件。

（4）有合伙人认缴或者实际缴付的出资。

（5）有合伙企业的名称和生产经营场所。

PART 5 真题演练

一、单选题

1.【2010年10月】个人独资企业的债权人在该企业解散后的法定期限内未向该企业的投资人提出偿债请求的，该投资人的偿债责任消灭。这里的法定期限为（　　）。

A. 1 年　　　　　　B. 2 年　　　　　　C. 3 年　　　　　　D. 5 年

2. △【2011年1月】普通合伙企业中新合伙人对入伙前的合伙企业债务（　　）。

A. 承担无限连带责任　　　　　　B. 以出资额为限承担有限责任

C. 不承担任何责任　　　　　　D. 承担全部清偿责任

3. △【2011年10月】除合伙协议另有约定外，普通合伙人转变为有限合伙人或者有限合伙人转变为普通合伙人的，应当经全体合伙人（　　）。

A. 一致同意　　　B. 过半数同意　　　C. 2/3 以上同意　　　D. 3/4 以上同意

4. △【2012年1月】下列不得担任公司的董事、监事和高级管理人员的是（　　）。

A. 年满 18 周岁且精神健康状况正常的张某

B. 被判处刑罚、执行期满已逾 6 年的王某

C. 作为董事长对其任职的公司的破产清算负有个人责任并且该公司破产清算程序刚刚终结的李某

D. 负有数额较大债务但尚未到期且有雄厚财力的赵某

5.【2012年1月】某特殊的普通合伙企业共有张某、王某、李某三个合伙人。张某在

执行业务活动中的重大过失造成的合伙企业债务应当由（　　）。

A. 张某、王某、李某承担无限连带责任

B. 张某、王某、李某以其在合伙财产中的份额为限承担责任

C. 张某承担无限责任，王某、李某以其在合伙财产中的份额为限承担责任

D. 王某、李某承担无限责任，张某以其在合伙财产中的份额为限承担责任

6.△【2012 年 10 月】根据我国个人独资企业法的规定，设立个人独资企业不需要具备的条件是（　　）。

A. 投资人为一个自然人

B. 有合法的企业名称

C. 有投资人申报的出资

D. 将出资财产的所有权移转于个人独资企业名下

7.【2013 年 1 月】依照合伙企业法的规定，以下关于某有限合伙企业合伙人出资方式的表述，不正确的是（　　）。

A. 普通合伙人甲可以用劳务出资　　B. 普通合伙人乙可以用机器设备出资

C. 有限合伙人丙可以用专利权出资　D. 有限合伙人丁可以用劳务出资

8.【2013 年 10 月】根据合伙企业法的规定，下列表述正确的是（　　）。

A. 法人可以成为合伙人

B. 所有合伙人都承担无限连带责任

C. 所有合伙人都不得用劳务出资

D. 所有合伙人对合伙事务的执行享有同等的权利

9.△【2013 年 10 月】美国甲公司与中国乙公司于 2010 年 6 月 1 日签订了设立中外合作经营企业的合同、章程；同年 8 月 20 日商务部批准其设立；同年 9 月 15 日签发了营业执照；同年 10 月 1 日举行了开业典礼。该企业的成立日期为 2010 年（　　）。

A. 6 月 1 日　　　B. 8 月 20 日　　　C. 9 月 15 日　　　D. 10 月 1 日

10.△【2014 年 4 月】新入伙的普通合伙人对入伙前的合伙企业债务（　　）。

A. 承担无限连带责任　　　　　B. 承担有限责任

C. 不承担任何责任　　　　　　D. 承担部分责任

易 错 题

第 2 题、第 4 题、第 5 题、第 6 题、第 10 题为易错题，考生需要牢牢掌握知识点，考试时认真审题，避免作答失误。

△表示该题所涉及知识点为高频考点。

二、主观题

1. 简述普通合伙企业的设立条件。
2. 简述合伙企业解散的情形。
3. 简述合伙企业的特征。

PART 6 答案解析 ⚒

一、单选题

1. 答案：D

解析：债权人在个人独资企业解散后5年内未向原投资人提出偿债请求的，原投资人的责任消灭。

2. 答案：A

解析：新合伙人对入伙前合伙企业的债务承担无限连带责任。

3. 答案：A

解析：除合伙协议另有约定外，普通合伙人转变为有限合伙人，或者有限合伙人转变为普通合伙人，应当经全体合伙人一致同意。

4. 答案：C

解析：下列人员不得担任公司的董事：（1）无民事行为能力人或限制民事行为能力人。（2）因贪污等行为，被判处刑罚，执行期满未逾5年。（3）担任破产清算公司负责人，对该公司的破产负有个人责任，自该公司破产清算完结日起未逾3年。（4）担任吊销营业执照、责令关闭的公司法人，并负有个人责任的，自受罚起未逾3年。（5）个人所负数额较大的债务到期未清偿。

5. 答案：C

解析：特殊的普通合伙企业中的合伙人在执行业务活动中因故意或者重大过失造成合伙企业债务的，应当承担无限责任或无限连带责任，其他合伙人以其在合伙财产中的份额为限承担责任。

6. 答案：D

解析：设立个人独资企业应具备下列条件：（1）投资人为一个自然人。该自然人应具有完全民事行为能力，而且不是法律禁止从事经营性经济活动的人，如国家公务员、现役军人、国有企事业单位在编管理人员。（2）有合法的企业名称。应当注意的是，个人独资企业不得使用"有限"、"有限责任"或者"公司"的字样，不允许个人独资企业称作"公司"。（3）有投资人申报的出资。与公司企业不同，投资人无须提交验资报告或权属证明文件，登记机关对投资人申报的出资权属、出资数额或是否交付等情况不予审查，由投资人对其申报的出资情况承担法律责任。（4）有固定的生产经营场所和必要的生产经营条件。（5）有必要的从业人员。

7. 答案：D

解析：有限合伙人不得以劳务出资。

8. 答案：A

解析：合伙人既可以是自然人，也可以是法人。

9. 答案：C

解析：设立合作企业的审批机构为商务部或国务院授权的部门和地方人民政府。批准设立的合作企业应当依法向相关主管部门申请登记，领取营业执照。领取营业执照的日期为合作企业的成立日期。

10. 答案：A

解析：新入伙成员属于普通合伙人的，对入伙前合伙企业的债务承担无限连带责任；新入伙成员属于有限合伙人的，对入伙前的债务承担有限责任。

二、主观题

1. 答：根据《合伙企业法》第14条的规定，普通合伙企业的设立条件是：

（1）有两个以上合伙人。

（2）有书面合伙协议。

（3）有合伙人认缴或实际交付的出资。

（4）有合伙企业的名称和生产经营场所，其名称应当标明"普通合伙"字样。

（5）法律、行政法规规定的其他条件。

2. 答：根据《合伙企业法》第85条的规定，合伙企业有下列情形之一的，应当解散：

（1）合伙期限届满，合伙人决定不再继续经营。

（2）合伙协议约定的解散事由出现。

（3）全体合伙人决定解散。

（4）合伙人已不具备法定人数满30天。

（5）合伙协议约定的合伙目的已经实现或无法实现。

（6）依法被吊销营业执照、责令关闭或被撤销。

（7）法律、法规规定的其他原因。

3. 答：合伙企业有如下特征：

（1）由两个以上的投资人共同投资兴办。

（2）合伙协议是合伙企业的成立基础。

（3）合伙企业属于人合企业。

（4）普通合伙人对合伙企业债务负无限连带责任；有限合伙人对合伙企业债务承担有限责任。

恭喜你完成了第二章的学习，全书章节进度已完成 2/10。如果你真的愿意去努力，你人生最坏的结果，也不过是大器晚成。在此，请记录下你的学习心得吧。

第三章　合同法

合同法是调整合同关系的法律规范的总称。在市场经济条件下，一切交易活动都是通过缔结和履行合同来完成的，合同关系是市场经济中最基本的法律关系。通过本章的学习，你应该：系统、准确地理解和掌握合同法的基本原理、基本法律制度及其相应的法律规范；学会在实践中灵活地运用、分析和处理各种合同问题。本章重要程度为★★★，考题多以选择题、简答题、论述题、案例题等形式出现。考生在复习时，要反复记忆知识点中的划线部分，并充分利用书中的"小笔记"部分进行书写，确保熟记于心，自如地运用到考试中。

学习目标

通过本章的学习，你将掌握以下知识点：

1. 合同法的适用范围。

2. 合同的分类及主要的有名合同。

3. 合同订立的一般程序、内容及生效要件。

4. 合同履行抗辩权及合同履行中的保全措施。

5. 缔约过失责任和违约责任。

PART 1 本章知识宝图 ✐

本章共 8 个考点，知识宝图见图 3-1。图中对知识点用星标做了重要程度标注，★★★为高频考点，★★为中频考点，★为一般考点，考生可对照知识宝图循序渐进地复习。

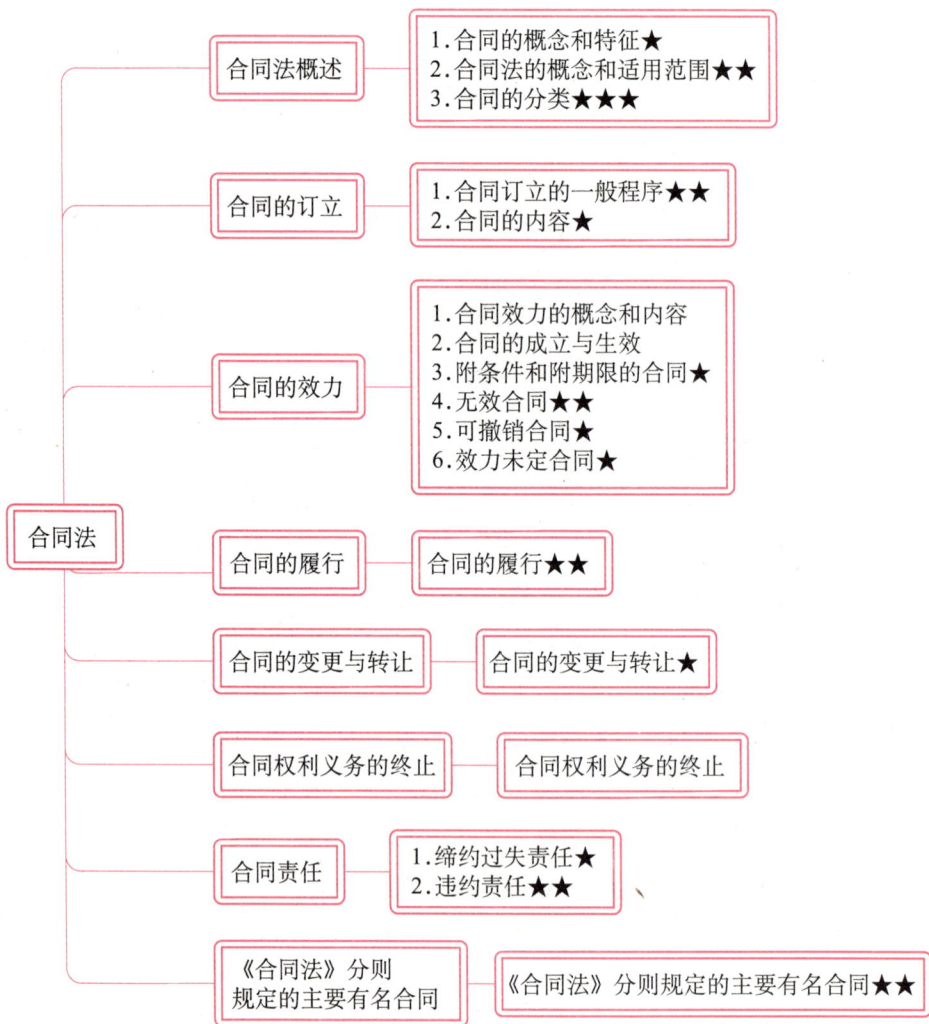

合同法概述
- 1.合同的概念和特征★
- 2.合同法的概念和适用范围★★
- 3.合同的分类★★★

合同的订立
- 1.合同订立的一般程序★★
- 2.合同的内容★

合同的效力
- 1.合同效力的概念和内容
- 2.合同的成立与生效
- 3.附条件和附期限的合同★
- 4.无效合同★★
- 5.可撤销合同★
- 6.效力未定合同★

合同的履行 —— 合同的履行★★

合同的变更与转让 —— 合同的变更与转让★

合同权利义务的终止 —— 合同权利义务的终止

合同责任
- 1.缔约过失责任★
- 2.违约责任★★

《合同法》分则规定的主要有名合同 —— 《合同法》分则规定的主要有名合同★★

合同法

图 3-1 本章知识宝图

PART 2 名师伴读 🎧

名师伴读，"码"上听课

本视频内容包含合同履行的原则、合同履行抗辩权等。
登录 http://51xcjyw.com/index.do 观看完整内容。

人大芸窗职教学苑名师伴读系列

PART 3 高频考点

▶ 考点8 合同法概述

【★★★一级知识点，常考题型：选择题、案例题】

1. 合同的概念和特征

合同是指平等主体的自然人、法人、其他组织之间设立、变更、终止民事权利义务关系的协议。

合同的特征如下：

（1）合同是两个或两个以上当事人之间的协议。

（2）合同是当事人在平等自愿的基础上达成的协议。

（3）合同是当事人设立、变更、终止民事权利义务关系的协议。

2. 合同法的适用范围

（1）《合同法》**不适用于行政合同**，如**行政奖励合同、行政委托合同、征地合同、拆迁合同**等。

（2）**劳动合同不适用《合同法》的规定**，但**劳务合同应由《合同法》调整，如家庭劳务合同、单位职工已退休后的返聘合同**等。

（3）集体经济组织的**内部土地承包合同不适用《合同法》**，但农村土地的**外部承包合同**，即非农村集体组织的成员与农村集体经济组织签订的承包合同**适用《合同法》**。

（4）企业的**内部承包合同不适用《合同法》**，但**企业外部承包合同**，即非企业工作人员承包企业签订的承包合同**适用《合同法》**。

（5）**有关身份关系的协议不适用《合同法》**，如**婚约、收养协议、夫妻财产制协议、离婚协议、遗赠扶养协议**等。

（6）**抵押合同，质押合同，建设使用权出让、转让合同，矿业权出让、转让合同**，应首先适用《物权法》和《矿产资源法》的相关规定。

（7）**著作权合同、专利权合同、商标权合同**应首先适用《著作权法》《专利法》《商标法》的相关规定。

（8）**保险合同、海事合同**等应首先适用《保险法》《海商法》的相关规定。

（9）**股权转让合同、企业收购并购合同**等，应首先适用《公司法》《证券法》的相关规定。

3. 合同的分类【选择题、案例题】

（1）**双务合同和单务合同**：当事人双方相互享有权利，互负给付义务的合同称为**双务合同，如买卖合同、租赁合同**等。当事人一方负担义务，对方仅享有权利而不负担义务的称为**单务合同，如借用合同、赠与合同**等。

（2）**有偿合同和无偿合同**：一方履行合同义务，对方获得利益要为此支付相应代价的合同为**有偿合同，如买卖合同、租赁合同、保险合同**等。一方给付某种利益，对方取得该利益时无须支付任何代价的合同称为**无偿合同，如借用合同、赠与合同**。

（3）**诺成合同和实践合同**：**以合同成立是否需要以实际交付标的物为标准，可将合同分为诺成合同和实践合同**。当事人一方的意思表示一经对方同意即能成立或生效的合同称为**诺成合同，如买卖合同、承揽合同**等。成立或生效除当事人双方意思表示一致以外还须交付标的物才能成立或生效的合同称为**实践合同**。如**财产保管合同**自保管物交付之日起合同成立并生效；**自然人之间的借款合同自借款实际交付之日起合同生效**；**定金合同**自定金实际交付之日起合同生效。

（4）**要式合同和不要式合同**：以合同成立或生效是否应采取一定的形式为标准，可将合同分为要式合同与不要式合同。**法律规定应当采取特定方式才能成立的合同称为要式合同，如房屋买卖合同、技术转让合同、融资租赁合同**等。无须采用特定形式，只要当事人意思表示一致便可成立的合同称为**不要式合同，如借用合同、赠与合同、自然人之间的借款合同**等。

易考点

1. 劳动合同不适用《合同法》的规定，但劳务合同应由《合同法》调整，如家庭劳务合同、单位职工已退休后的返聘合同等。有关身份关系的协议不适用《合同法》，如婚约、收养协议、夫妻财产制协议、离婚协议、遗赠扶养协议等。

2. 合同的分类中各类合同的概念及举例。

考点9　合同的订立

【★★★一级知识点，常考题型：选择题、简答题、案例题】

1. **要约**

要约是指当事人一方以缔结合同为目的，向对方提出订立合同的条件，希望对方接受的意思表示。前者称为要约人，后者称为受要约人。

2. **要约的有效要件**【案例题】

（1）要约应向特定的相对人发出。

（2）要约的内容应当明确具体。

（3）要约还应表明一经受要约人承诺，合同即告成立，要约人便受其约束。

3. 要约邀请

要约邀请又称引诱要约，指行为人向不特定的相对人作出的，希望向自己发要约的意思表示。寄送的价目表、拍卖公告、招标公告、招股说明书、商业广告（符合要约要求的除外）等均为要约邀请。

要约与要约邀请的区别见表3-1。

表3-1　要约与要约邀请的区别

项目	对象	内容	效力
要约	特定	具体确定	合同订立行为，对要约人有约束力
要约邀请	非特定	一般不确定	合同订立的预备行为，对行为人没有约束力

4. 要约的撤回

要约一经受要约人承诺，合同便成立，要约便不能撤销。对要约撤销的时间，根据《合同法》的规定，撤销要约的通知应当在受要约人发出承诺通知之前到达受要约人。如果要约中约定了承诺期限或者以其他形式明示要约是不可撤销的，或者尽管没有明示要约不可撤销，但受要约人有理由信赖要约是不可撤销的，并且已经为履行合同做了准备工作，则不可撤销要约。

5. 要约失效的原因【选择题、案例题】

要约失效的原因主要有：

（1）要约的撤回。

（2）拒绝要约的通知到达要约人。

（3）要约人依法撤销要约。

（4）承诺期限届满，受要约人未作出承诺。

（5）受要约人对要约的内容作出实质性变更。

6. 承诺的有效条件【简答题】

（1）须由受要约人向要约人作出。

（2）承诺须在要约规定的期限或在合理期限内到达要约人。

（3）承诺的内容须与要约的内容一致。

7. 合同成立的地点

（1）不要式合同应以承诺生效地为合同成立地点，要式合同则应以完成法定或约定形式的地点为合同成立地点。

（2）采用合同书形式订立合同的，双方**当事人签字或者盖章的地点**为合同成立的地点。

（3）**采用数据电文形式订立合同的，以收件人的主营业地为合同成立的地点**；没有主营业地的，其经常居住地为合同成立的地点。当事人另有约定的，按照其约定。

8. 合同的必备条款

当事人条款、标的条款、数量条款为所有合同必须具备的成立条款。

9. 格式条款【选择题、案例题】

（1）**概念**：格式条款是指**当事人一方事先拟定**，并由不特定当事人接受的，具有完整性和定型化的条款。

（2）**特点**：①均由一方事前拟定，未经当事人相互协商。②要约对象具有广泛性，都是向不特定的公众发出。③相对人处于从属地位，不能对其条款进行更改，因此，容易出现显失公平。

（3）**对格式条款拟定人的限制性规定**：①提供格式条款的一方应当遵循公平原则确定当事人间的权利和义务，**如果利用其条款排除对方的主要权利或免除自己的主要义务，该条款无效**。②如果格式条款与普通条款发生冲突，则**优先适用普通条款**。③当事人双方对格式条款的理解发生争议的，应**按照通常理解予以解释**；对格式条款有两种以上解释的，应当**作出不利于提供格式条款一方的解释**。

易 考 点

1. 要约和要约邀请的区别：寄送的价目表、拍卖公告、招标公告、招股说明书、商业广告（符合要约要求的除外）等均为要约邀请。

2. 当事人条款、标的条款、数量条款为所有合同必须具备的成立条款。

3. 合同的格式条款。

▶ **考点10　合同的效力**

【★★★一级知识点，常考题型：选择题、简答题、案例题】

1. 附条件的合同

无论所附的是生效条件还是解除条件，该条件均应满足以下要求：

（1）尚未发生的事实。

（2）或然性的事实。

（3）合法的事实。

（4）当事人约定的事实。

2. 无效合同的种类【选择题、简答题】

（1）以欺诈、胁迫手段订立的损害国家利益的合同。

（2）恶意串通，损害国家、集体或者第三人利益的合同。

（3）以合法形式掩盖非法目的的合同。

（4）损害社会公共利益的合同。

（5）违反法律、行政法规的禁止性或强制性规定的合同。

3. 可撤销合同【选择题、简答题、案例题】

（1）**概念**：可撤销合同是指当事人订立合同时，因意思表示有瑕疵或合同内容显失公平，一方行使撤销权使其归于无效的合同。

（2）**种类**：①因重大误解订立的合同。②显失公平的合同。③**因欺诈订立的合同。欺诈**是指当事人一方故意隐瞒真实情况或者故意制造虚假情况，诱使对方当事人作出错误意思表示的行为。**采用欺诈手段订立的合同，在不损害国家利益的情况下为可撤销合同。**④因胁迫订立的合同。⑤**乘人之危订立的合同。**

4. 可撤销合同的撤销权

合同撤销权人向人民法院主张撤销合同的，应在知道或应当知道撤销事由之日起 **1 年内**，向人民法院行使撤销权。

5. 效力未定合同

（1）**合同效力的确定取决于享有形成权的第三人是否追认，享有形成权的第三人追认的，该合同有效；拒绝追认的，该合同无效。**【案例题】

（2）**效力未定合同的种类。**

①**限制民事行为能力人依法不能独立订立的合同。限制民事行为能力人订立的合同，经法定代理人追认后，该合同有效。**【案例题】②**无权代理人以他人名义订立的合同。**这**主要包括三种情况**：第一，无权代理人自始没有代理权而以他人名义订立的合同。第二，**无权代理人超越代理权而以他人名义订立的合同。**第三，无权代理人在代理权终止后以他人的名义订立的合同。③**无权处分人处分他人财产的合同。**

易考点

1. 无效合同、可撤销合同及效力未定合同的种类。

2. 效力未定合同效力的确定取决于享有形成权的第三人是否追认，享有形成权的第三人追认的，该合同有效；拒绝追认的，该合同无效。

小笔记

考点 11　合同的履行

【★★二级知识点，常考题型：选择题、简答题、论述题、案例题】

1. 合同履行的原则

（1）全面履行原则。

（2）诚信履行原则。

（3）经济合理原则。

（4）情势变更原则。

2. 合同条款不明时的履行规则

（1）质量要求不明确的，按国家标准、行业标准履行。

（2）价款或报酬不明确的，按照订立合同时履行地的市场价格履行。

（3）履行地点不明确，给付货币的，在接受货币一方所在地履行；交付不动产的，在不动产所在地履行；其他标的，在履行义务一方所在地履行。

（4）履行期限不明确的，债务人可以随时履行。

（5）履行方式不明确的，按照有利于实现合同目的的方式履行。

（6）履行费用的负担不明确的，由履行义务一方负担。

3. 合同履行抗辩权

（1）同时履行抗辩权。【案例题】这是指合同当事人互负债务，没有约定履行先后顺序的，应当同时履行，一方在对方未对待给付以前，可拒绝履行其债务的权利。一方在对方履行合同不符合约定时，也可拒绝相应的履行请求的权利。

（2）先履行抗辩权。【案例题】它又称顺序履行抗辩权，是指当事人约定了先后履行顺序，先履行一方未履行的或者履行存在相应瑕疵的，后履行一方有权拒绝其履行请求或者相应的履行请求。先履行抗辩权以先履行一方具有履行能力为前提。

（3）不安抗辩权。这是指在双务合同中，应当先履行债务的当事人在有确切证据证明后履行债务的当事人在订约后丧失或者可能丧失履行能力时，可以中止自己履行的权利。不安抗辩权适用的条件是：【简答题】①后给付义务人的履行能力明显下降，有不能履行合同的现实危险。②后给付义务人未提供适当担保。③先履行义务人负有通知和举证义务。

4. 债权人的代位权【论述题】

（1）概念：债权人的代位权是指债务人怠于行使其对次债务人的债权，而损害债权人债权时，债权人为保全自身的债权，以自己的名义，请求法院代为行使债务人对次债务人的权利。

（2）**代位权行使的要件有**：①两个债权均合法有效到期，且债务人对次债务人的债权是非专属于债务人自身的金钱债权。②债务人怠于行使其到期债权。③债务人怠于行使给债权人造成损害。④债权人以保全债权为必要限度。

5. 专属金钱债权

专属金钱债权是指基于扶养关系、抚养关系、赡养关系、继承关系产生的**给付请求权和劳动报酬、退休金、养老金、抚恤金、安置费、人寿保险、人身伤害赔偿请求权**等权利。债务人对次债务人享有的专属金钱债权，债权人不得行使代位权。

6. 债权人撤销权的行使要件

债权人撤销权的行使要件因债务人的有偿合同和无偿合同有所区别。对债务人有害债权的无偿合同只需具备客观要件便可行使，如债务人无偿转让财产或权利的行为。对债务人有害债权的有偿合同行使撤销权，除具备客观要件外还应具备主观要件，如债务人以明显的不合理低价转让财产的合同。

（1）客观要件：债务人**实施了有害债权的行为**。它主要包括：放弃到期债权、无偿转让财产、以明显不合理的低价转让财产的行为。

（2）主观要件：债务人实施有害债权的行为时，受益人存在恶意。即受益人在取得一定财产或利益时，已经知道债务人所实施的处分财产的行为有害于债权人的债权。若受益人受益后才知道债务人所实施的处分财产的行为有害于债权的，债权人不能行使撤销权。至于债务人是否存在主观上的恶意，对债权人撤销权的行使不产生影响。

7. 撤销权的行使期限

债权人行使撤销权的期限为：自债权人知道或者应当知道撤销事由之日起 **1 年内**行使。债务人的行为发生之日起 **5 年内**没有行使撤销权的，该撤销权消灭。

8. 债权人撤销权的效力

（1）债务人的行为一旦撤销，合同自始无效。已经以该行为给付的，**受益人负有恢复原状的义务**。

（2）**债权人行使债权的必要费用，由债务人负担**，该必要费用包括律师代理费、差旅费等。

（3）受益人受让财产后，又将该财产转让给第三人，依法理转得人善意取得的，撤销权的效力不及于转得人；转得人不符合善意取得要件的，撤销权的效力应及于该转得人，可要求该转得人返还财产。

易 考 点

　　1. 合同履行抗辩权的三个种类的概念：同时履行抗辩权、先履行抗辩权、不安抗辩权。

　　2. 合同履行中的两个保全措施：债权人的代位权与撤销权。

▶ **考点 12　合同的变更与转让**

【★三级知识点，常考题型：选择题、案例题】

1. 合同变更的概念

　　对合同变更的理解有广义与狭义之分。广义的合同变更包括合同内容的变更与合同主体的变更。狭义的合同变更是指合同内容的变更。《合同法》规定的合同变更是指狭义上的变更。

2. 合同变更的方式

　　（1）协议变更，即当事人双方经协商达成变更协议的变更。当事人对合同变更的内容约定不明确，推定为未变更。变更依法应当办理批准、登记手续的，办理相关手续后才发生变更的效力。

　　（2）法定变更，即基于法律的直接规定事由出现，当事人一方行使变更权而导致的合同内容的变化。如合同履行中发生不可抗力事由，合同中的违约责任条款就发生变更。

　　（3）裁决变更，即对于可撤销合同，当事人可请求法院或仲裁机构裁决变更。

3. 合同变更的效力

　　合同变更后，当事人应当按照变更后的合同内容履行合同，未变更部分仍然有效。合同变更对已履行部分不具有溯及力。

4. 合同转让的概念

　　合同转让是当事人一方依法将合同权利或义务的全部或者部分转让给第三人履行。它包括合同权利的转让、合同义务的转让、合同权利义务的概括转让三种形式。

5. 合同转让的特点

　　合同转让具有以下特点：

　　（1）合同的转让并不改变原有的权利和义务的内容。

　　（2）合同的转让使合同主体发生变化。

　　（3）合同转让涉及原合同当事人、转让人与受让人之间的权利义务关系。

6. 合同不得转让的情形

合同的转让应当具有可让与性，有下列情形之一的，无论是债权还是债务，均不得转让：

（1）根据合同性质不得转让的，主要是指那些与人身有密切关系的合同，如演出合同。

（2）按照当事人约定不得转让的。

（3）依照法律规定不得转让的，如人寿保险合同等。

7. 合同权利的转让

合同权利的转让是指债权人将权利转让给第三人享有，包括合同权利的全部转让和合同权利的部分转让两种形式。

8. 合同义务的转让

合同义务的转让，是指债务人将债务全部或部分地转移给第三人承担。合同义务转让须经债权人同意，否则不发生转让效力。因为受让人不是合同当事人，其是否具有履行合同的能力、信誉如何，直接关系到合同权利的实现。

9. 合同权利义务的概括转让

合同权利义务的概括转让，是指当事人一方将权利和义务一并转让给第三人。因为合同权利义务的一并转让会涉及合同义务的履行问题，所以，转让的主要条件是：必须征得对方的同意。

易 考 点

1. 合同变更的方式：协议变更、法定变更、裁决变更。

2. 合同不得转让的情形。

考点 13 合同权利义务的终止

【★三级知识点，常考题型：选择题、案例题】

1. 合同终止的法定原因

导致合同终止的法定原因主要有：清偿、混同、提存、解除、抵销和免除。

2. 合同解除的特征【简答题】

（1）合同解除以合同有效为前提，无效合同、效力未定合同不存在合同解除的问题。

（2）合同解除必须基于合同当事人达成解除协议，或者基于法定或者约定解除条件出现。如因不可抗力导致合同目的不能实现的，合同当事人就可通知对方解除合同。

（3）基于法定或者约定条件解除合同，享有解除权的一方当事人应采用通知方式解除合同。通知到达相对人时，发生解除的效力。

（4）解除合同必须在法定除斥期间内进行，法律没有规定除斥期间的，解除合同应该在合同履行完毕之前进行。合同履行完毕，不存在合同解除问题。

3. 合同解除的种类

（1）协议解除。

（2）约定条件出现时的解除。

（3）法定解除。

4. 合同法定解除的原因【选择题、案例题】

（1）因不可抗力导致合同目的不能实现的。

（2）在合同履行期限届满之前，当事人一方明确表示或者以自己的行为表明不履行主要债务。

（3）当事人一方迟延履行主要债务，经催告后在合理期限内仍不履行。

（4）当事人一方迟延履行主要债务，或有其他违约行为，致使合同目的不能实现。

（5）在合同履行期间，发生情势变更之情由等。

5. 合同解除的效力（法律后果）

（1）尚未履行的，终止履行。

（2）已经履行的，根据履行情况和合同性质，当事人可以要求恢复原状、采取其他补救措施。

（3）合同解除不影响结算和清理条款的效力，不影响当事人请求赔偿的权利。

6. 混同

混同是指债权与债务同归于一人，致使合同权利义务消灭的法律事实。如甲乙双方订立一份购销合同，在履行过程中甲与乙合并为一个单位，原合同权利义务都由新单位承担，合同关系终止。但合同关系涉及第三人的除外。

易 考 点

1. 导致合同终止的法定原因主要有：清偿、混同、提存、解除、抵销和免除。

2. 合同法定解除的原因。

▶ **考点 14　合同责任**

【★★二级知识点，常考题型：选择题、案例题】

1. 缔约过失责任

（1）**概念**：缔约过失责任是指在缔约过程中，当事人一方因违背其依据诚实信用原则所尽的义务，致使另一方信赖利益造成损失应承担的民事责任。

（2）**缔约过失责任与违约责任的主要区别**：①承担违约责任的前提是合同有效成立，违约人承担的是不履行合同的责任；承担缔约过失责任的前提是，在合同协商过程中，因一方过失致使合同未成立、被撤销或者无效，致使对方蒙受损失而应当承担的赔偿责任。②缔约过失责任要求缔约一方存在故意或重大过失，而违约责任对当事人的主观过错的要求不同，有的要求当事人存在故意或重大过失，如无偿保管合同；有的只要求当事人存在一般过失，如承揽合同、买卖合同等；有的不要求当事人存在过失，如运输合同中的人身安全责任。③违约责任救济的是当事人的履行利益，缔约过失责任救济的则是法律规定的信赖利益。

（3）**缔约过失责任的成立要件**：【简答题】①缔约人违反了先合同义务。②缔约人有过错。③造成了另一方信赖利益的损失。

（4）**缔约过失责任的类型**：【简答题】①假借订立合同，恶意进行磋商。②故意隐瞒与订立合同有关的重要事实或者提供虚假情况。③违反保密义务。④因当事人一方的过错，致使合同无效或被撤销。⑤其他违背诚实信用原则的缔约过失行为。

2. 违约责任

违约责任的产生是以合同有效为前提的，是违反有效合同的法律后果。

违约责任具有以下特点：

（1）违约责任是以不履行合同义务为主要条件。

（2）具有相对性，它只能在当事人之间发生。

（3）**具有补偿性**，旨在弥补因**违约行为**造成的损害后果。

（4）具有任意性，**违约责任的比例、数额可由当事人约定**。

3. **违约责任的免责事由**【简答题】

（1）**不可抗力**。【案例题】不可抗力是指不能预见、不能避免并不能克服的客观情况。如台风、洪水、地震等。合同履行期届至时，**发生不可抗力的**，按照不可抗力对当事人履行合同的影响情况，除法律有特殊规定以外，**可以全部或部分免除违约责任**。但**因迟延履行而遇到不可抗力的**，不得免除违约责任。

（2）违约相对人有过失。违约行为发生后，相对人应采取措施防止损失扩大，如未采取措施造成损失扩大的，不得要求对扩大部分赔偿损失；当事人都有过失的，各自承担相应的责任。

（3）约定的免责事由。这是指在订立合同时，当事人协商确定的免责事由。但是，约定免责事由违反法律或社会公共利益的，不发生免责效力。

4. 违约行为的类型

（1）预期违约。

（2）拒绝履行。

（3）迟延履行。

（4）瑕疵履行。

5. 违约责任的形式【案例题】

（1）继续履行。

（2）违约金。

（3）定金。

（4）损害赔偿。

6. 定金

定金是指当事人为确保合同的履行，依据法律规定或合同约定，一方预先支付给对方一定数额的金钱作为债权担保的形式。定金的数额由当事人约定，但不得超过主合同标的额的 20%。债务人履行债务后，定金应当抵作价款或者收回。给付定金的一方不履行约定的债务的，无权要求返还定金；收受定金的一方不履行约定的债务的，应当双倍返还定金。

7. 违约责任与侵权责任的竞合【案例题】

因当事人一方的违约行为，侵害对方人身、财产权益的，受损害方有权选择依照《合同法》要求其承担违约责任或者依照其他法律要求其承担侵权责任。

易 考 点

1. 缔约过失责任与违约责任的区别。

2. 违约责任免责事由中的不可抗力。

3. 违约责任的形式：（1）继续履行；（2）违约金；（3）定金；（4）损害赔偿。

▶ **考点 15　《合同法》分则规定的主要有名合同**

【★★二级知识点，常考题型：选择题、简答题、案例题】

1. 买卖合同中出卖人的主要义务【案例题】

（1）交付标的物并转移标的物所有权的义务。一般出卖人将标的物交付给买受人，该标的物的所有权即转移。

（2）瑕疵担保的义务。出卖人对出卖的标的物的品质瑕疵和权利瑕疵均负担保义务。①出卖的标的物有保质期的，在保质期内出卖人负瑕疵担保义务。②没有保质期但约定了检验期间的，在检验期间内，买受人提出产品不符合要求、存在瑕疵的，出卖人应当承担违约责任。③既没有保质期又没有约定检验期间的，自产品交付之日起两年内出卖人承担瑕疵担保义务。④如果标的物权利本身有瑕疵，出卖人应如实告知买受人，并保证该标的物不被第三人追索。如果由于标的物权利存在瑕疵，而使买受人受到第三人追索或者被主张权利的，出卖人应承担权利瑕疵担保责任。

2. 赠与合同【选择题、案例题】

（1）特征：①赠与合同为转移财产所有权合同。②赠与合同为诺成合同。只要双方当事人意思表示一致，赠与合同即成立。③赠与合同为单务、无偿合同。

（2）对于具有救灾、扶贫等公益性、道德义务性质的赠与合同和经过公证的赠与合同，赠与人不得任意撤销。在合同签订后，赠与人的经济状况显著恶化，严重影响生产或家庭生活，可以不再履行赠与义务。对于具有救灾、扶贫等社会公益及道德义务性质的赠与，赠与人不交付赠与财产的，受赠人可以请求交付。

3. 借款合同【案例题】

（1）金融机构的借款合同自依法成立时生效，为诺成性合同，自然人之间的借款合同从货币交付借款人之日起生效，为实践性合同。

（2）贷款人应按照约定的数额足额提供借款，借款的利息不得预先在本金中扣除。利息预先在本金中扣除的，借款人有权按照实际借款数额返还借款并计算利息。

4. 租赁合同

（1）概念及特征：【简答题】租赁合同是指出租人将租赁物交付承租人使用、收益，承租人支付租金并于租赁期限届满时返还租赁物的合同。租赁合同具有如下特征：①租赁合同是转让财产使用权的合同。在租赁期内，承租人享有租赁物的使用、收益权，所有权仍归出租人享有。②租赁合同是双务合同、有偿合同、诺成合同。

（2）**出租人的主要义务**：①交付租赁物的义务。②租赁合同是继续性合同，合同存续期间，出租人有继续保持租赁物符合法定或约定品质和用途，使租赁物符合约定的使用、收益状态的义务。③瑕疵担保义务。④风险承担义务。

5. 承揽合同【案例题】

承揽合同是指承揽人按照定作人的特别要求完成工作，并将工作成果交付定作人，定作人按照约定接受工作成果并给付酬金的合同。承揽人有亲自完成主要工作成果的义务。承揽人将主要工作成果交由第三人完成的，定作人可解除承揽合同，并要求承揽人承担损失。

易 考 点

1. 对于具有救灾、扶贫等公益性、道德义务性质的赠与合同和经过公证的赠与合同，赠与人不得任意撤销。

2. 金融机构的借款合同为诺成性合同，自然人之间的借款合同为实践性合同。

PART 4 难点回顾

🔍 合同法的适用范围。

🔍 要约与承诺的有效条件及法律效力。

🔍 附条件合同所附条件的要求、附条件合同与附期限合同的区别。

🔍 无效合同的含义、无效合同的种类、无效合同的法律后果。

🔍 合同履行的规则。

🔍 不安抗辩权的概念和适用条件。

🔍 缔约过失责任的成立要件和类型。

过考百科

之前的传统民法上，有同时履行抗辩权和不安抗辩权的说法，但是没有关于先履行抗辩权的概念。先履行抗辩权是《合同法》第67条首次明确的。

PART 5 真题演练

一、单选题

1.△【2010年10月】根据我国合同法的规定，甲公司的下列行为中属于要约的是(   )。

A. 为建设办公楼向社会公开发布招标公告

B. 为增发新股向社会公开发布招股说明书

C. 为宣传新产品在电视上发布广告

D. 向乙公司发出包括货物品种、价格、供货时间等内容的订货函

2.【2010年10月】根据我国合同法的规定，下列关于合同履行规则的表述，正确的是(   )。

A. 质量约定不明的，按债务人企业标准履行

B. 价款和报酬不明的，按履行合同时的市场价格履行

C. 履行地点不明，给付货币的，在接受给付货币一方所在地履行

D. 履行费用不明的，由债权人负担

3.△【2011年1月】合同当事人可以在合同中约定一方预先向另一方给付一定数额的金钱，债务人履行债务后，该金钱应抵作价款或收回。给付金钱一方不履行约定债务的，无权要求收回；收受金钱一方不履行约定债务的，应双倍返还。该种金钱在法律上称为(   )。

A. 保证金　　　　　B. 违约金　　　　　C. 定金　　　　　D. 预付款

4.△【2011年1月】李某为资助13岁的孙某继续上学，与孙某父母订立无条件资助赠与合同，赠与6 000元，每学年2 000元，并办理了公证，李某交付2 000元后以孙某成绩不佳为由不再履行赠与义务。根据我国《合同法》的规定，下列表述正确的是(   )。

A. 李某应继续给付，因为该赠与合同不可撤销

B. 李某可不再给付，因为孙某成绩不佳

C. 李某可要求返还已赠的2 000元，因为孙某成绩不佳

D. 李某可不再给付，因为该赠与合同可撤销

5. 根据我国《合同法》的规定，合同当事人因意思表示不真实行使撤销权，应当自知道或应当知道撤销事由之日起一定期间内行使，该期间为(   )。

A. 3个月　　　　　B. 6个月　　　　　C. 1年　　　　　D. 2年

6.△【2012年10月】以下属于以合同成立是否需要实际交付标的物为标准的合同分类是(   )。

A. 有名合同和无名合同　　　　B. 双务合同和单务合同

C. 有偿合同和无偿合同　　　　D. 诺成合同和实践合同

7.△【2012年10月】甲与乙签订一份买卖合同，应当先履行交货义务的甲掌握了乙丧失债务履行能力的确切证据，遂中止履行交货义务，甲行使的抗辩权是（　　）。

A. 先诉抗辩权 　　　　　　　　　B. 先履行抗辩权

C. 不安抗辩权 　　　　　　　　　D. 同时履行抗辩权

8.【2013年1月】依照合同法的规定，以下向不特定人发出的意思表示属于要约的是（　　）。

A. 寄送的价目表 　　　　　　　　B. 招股说明书

C. 拍卖公告 　　　　　　　　　　D. 内容符合要约要求的商业广告

9.【2013年1月】以下不属于效力未定合同的是（　　）。

A. 无权代理人以他人名义订立的合同

B. 限制民事行为能力人依法能够独立订立的合同

C. 无处分权人处分他人财产订立的合同

D. 限制民事行为能力人依法不能够独立订立的合同

10.【2013年10月】甲在未征得乙同意的情况下，以乙的名义和丙签订了一辆自行车买卖合同。该买卖合同是（　　）。

A. 有效合同　　　　B. 无效合同　　　　C. 效力待定合同　　　　D. 未成立合同

11.【2018年4月】下列属于不要式合同的是（　　）。

A. 赠与合同　　　　B. 专利权转让合同　　　C. 商标权转让合同　　　D. 房地产抵押合同

12.【2014年4月】甲出版社在其网站公布新书目录，其中有新版《经济法》教材，每本定价30元。乙高校看到后，遂通过传真订购该《经济法》教材100本。下列表述正确的是（　　）。

A. 甲的行为是要约，乙的行为是承诺

B. 甲的行为是要约，乙的行为是新要约

C. 甲的行为是要约邀请，乙的行为是要约

D. 甲的行为是要约邀请，乙的行为是承诺

易 错 题

第2题、第4题、第7题、第8题为易错题，考生需要牢牢掌握知识点，考试时认真审题，避免作答失误。

△表示该题所涉及知识点为高频考点。

二、主观题

1. 简述无效合同的种类。

2. 简述可撤销合同的概念及种类。

3. 简述承诺的要件。

4. 简述行使不安抗辩权的条件。

PART 6　答案解析 ✖

一、单选题

1. 答案：D

解析：要约是指当事人一方以缔结合同为目的，向对方提出订立合同的条件，希望对方接受的意思表示。A、B、C选项属于要约邀请。

2. 答案：C

解析：（1）质量约定不明确的：国家、行业标准，通常标准或符合合同目的的特定标准。（2）价款报酬约定不明确的：订立合同时履行地的市场价格、政府定价。（3）履行地点约定不明确的：接受给付货币一方、不动产所在地一方、履行义务一方。（4）履行期限约定不明确的：随时。（5）履行费用约定不明确的：履行义务一方。

3. 答案：C

解析：定金是指当事人为了确保合同的履行，依据法律规定或合同约定，一方预先支付给对方一定数额的金钱作为债权担保的形式。定金的担保作用表现为：债务人履行债务后，定金应当抵作价款或者收回。给付定金的一方不履行约定的债务的，无权要求返还定金；收受定金的一方不履行约定的债务的，应当双倍返还定金。

4. 答案：A

解析：赠与人在赠与财产的权利转移前享有任意撤销权，但对于具有救灾、扶贫等社会公益及道德义务性质的赠与合同和经过公证的赠与合同，赠与人负有的交付义务不得任意撤销。案例中，李某的捐赠为公益性的，故不可撤销。

5. 答案：C

解析：撤销权应当在当事人自知道或者应当知道撤销事由之日起1年内行使。

6. 答案：D

解析：合同以成立是否需要以实际交付标的物为标准，分为诺成合同和实践合同。

7. 答案：C

解析：不安抗辩权是指在双务合同中，应当先履行债务的当事人在有确切证据证明后履行债务的当事人在订约后丧失或者可能丧失履行能力时，中止自己的履行。

8. 答案：D

解析：要约应向特定的相对人发出。如甲向乙提出希望购买其房，乙便是特定的相对人。在特殊情况下，受要约人也可以是不特定的。如商业广告的相对人是不特定的，但如果其内容符合要约的规定，可以视为要约。

9. 答案：B

解析：效力未定合同主要有三类：（1）限制民事行为能力人依法不能独立订立的合同。（2）无权代理人以他人名义订立的合同。（3）无权处分人处分他人财产的合同。

10. 答案：C

解析：效力未定合同是指合同虽然已经成立，因其不完全符合生效要件，其效力尚未确定，须经权利人追认才能生效的合同。

11. 答案：A

解析：以合同成立或生效是否应采取一定的形式为标准，可将合同分为要式合同与不要式合同。

法律规定应当采取特定方式才能成立的合同称为要式合同，如房屋买卖合同、技术转让合同、融资租赁合同等。

无须采用特定形式，只要当事人意思表示一致便可成立的合同称为不要式合同，如借用合同、赠与合同、自然人之间的借款合同等。

12. 答案：C

解析：要约邀请又称引诱要约，是指行为人向不特定的相对人作出的，希望向自己发要约的意思。在现实生活中的要约邀请有：寄送的价目表、拍卖公告、招标公告、招股说明书、商业广告（符合要约要求的除外）。

二、主观题

1. 答：无效合同的种类有：

（1）以欺诈、胁迫手段订立的损害国家利益的合同。

（2）恶意串通，损害国家、集体或者第三人利益的合同。

（3）以合法形式掩盖非法目的的合同。

（4）损害社会公共利益的合同。

（5）违反法律、行政法规禁止性或强制性规定的合同。

2. 答：可撤销合同是指当事人订立合同时，因意思表示不真实，一方行使撤销权而使合同归于无效的合同。它具体包括以下几类：

（1）因重大误解而订立的合同。

（2）显失公平的合同。

（3）因欺诈订立的合同。

（4）因胁迫订立的合同。

（5）乘人之危订立的合同。

3. 答：（1）承诺须由受要约人向要约人作出。

（2）承诺须在要约规定的期限或在合理期限内到达要约人。

（3）承诺的内容须与要约的内容一致。

4. 答：（1）后给付义务人的履行能力明显下降，有不能履行合同的现实危险。

（2）后给付义务人未提供适当担保。

（3）先履行义务人负有通知和举证义务。

恭喜你完成了本章的学习，全书章节进度已完成3/10。所有的坚持与勇敢，不过是为了在前行的路上与孤独奋战，描绘出自己心中的星辰大海。在此，请记录下你的学习心得吧。

第四章　专利法

备考指南

通过本章的学习，你应该：了解专利和专利法的概念与特征；掌握专利法的基本制度，特别是有关专利权授予的条件，专利权人的权利，专利权的期限、终止和无效等相关制度。本章重要程度为★★，考题多以选择题、简答题、论述题等形式出现。考生在复习时，要反复记忆知识点中的划线部分，并充分利用书中"小笔记"部分进行书写，确保熟记于心，自如地运用到考试中。

学习目标

通过本章的学习，你将掌握以下知识点：

1. 专利权的主体和客体。
2. 授予专利权的条件。
3. 专利申请的原则，专利申请日和优先权。
4. 专利权人的权利与义务。
5. 专利权的限制。

PART 1　本章知识宝图

本章共 3 个考点，知识宝图见图 4－1。图中对知识点用星标做了重要程度标注，★★★为高频考点，★★为中频考点，★为一般考点，考生可对照知识宝图循序渐进地复习。

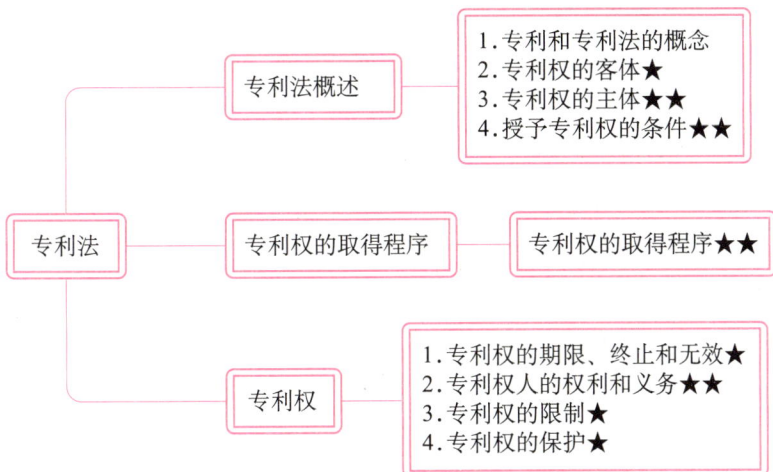

```
                          ┌─────────────────────────┐
                          │ 1.专利和专利法的概念        │
            ┌─专利法概述─┤ 2.专利权的客体★           │
            │            │ 3.专利权的主体★★          │
            │            │ 4.授予专利权的条件★★       │
            │            └─────────────────────────┘
            │
  专利法 ───┼─专利权的取得程序─[专利权的取得程序★★]
            │
            │            ┌─────────────────────────┐
            │            │ 1.专利权的期限、终止和无效★  │
            └─专利权───┤ 2.专利权人的权利和义务★★    │
                         │ 3.专利权的限制★           │
                         │ 4.专利权的保护★           │
                         └─────────────────────────┘
```

图 4－1　本章知识宝图

PART 2　名师伴读

名师伴读，"码"上听课

本视频内容包含授予专利权的条件等。

登录 http：//51xcjyw.com/index.do 观看完整内容。

人大芸窗教学苑名师伴读系列

PART 3　高频考点

考点 16　专利法概述

【★★★一级知识点，常考题型：选择题、简答题、论述题】

1. 专利权的客体【选择题、简答题】

专利权的客体是指依法可以取得专利权的发明创造。我国专利权的客体包括发明、实用新型和外观设计。

（1）发明。发明包括产品发明和方法发明。产品发明是指发明人通过智力劳动创造的并能以有形形式表现的各种制成品，如新的医药产品或新的建筑材料等；方法发明是指发明人通过智力劳动创造的获取某种物质或实现某种效果的方法或手段，如培育植物新品种的方法等。

小笔记

（2）**实用新型**。例如**带有花纹的轮胎属于实用新型；粉末、颗粒状的物质或者材料就不属于实用新型**。

（3）**外观设计**。外观设计依托于产品的外观，**气态、液态、粉末或颗粒状的物质就不能成为外观设计的载体**。形状、图案和色彩是外观设计的构成要素，**单纯的色彩不能称为外观设计**。

2. **专利法上的发明人应具备的条件**【选择题、简答题】

（1）发明人必须是直接参加发明创造活动的人。

（2）发明人必须是对发明创造的实质性特点有创造性贡献的人。

（3）**发明人必须是自然人，单位不能成为发明人。（发明人不受行为能力的限制，即使是无行为能力人或者限制行为能力人，也可以成为发明人）**

3. **职务发明**

职务发明是指执行本单位的任务或者主要是利用本单位的物质技术条件所完成的发明创造。**职务发明申请专利的权利属于该单位**。

职务发明包括：【简答题】

（1）在本职工作中作出的发明创造。

（2）履行本单位交付的本职工作之外的任务所作出的发明创造。

（3）离职、退休或者调动工作后一年内作出的，与其在原单位承担的本职工作或者原单位分配的任务有关的发明创造。

4. **共同发明和委托发明**

对于共同发明和委托发明的权利归属，**有约定的依照约定，没有约定或约定不明的，申请专利的权利属于完成或者共同完成发明创造的单位或者个人**。

5. **授予发明专利权的条件**【选择题、简答题】

授予专利权的发明和实用新型，应具备**新颖性、创造性和实用性**。

（1）新颖性。新颖性是指该发明或者实用新型不属于现有技术，也没有任何单位或者个人就同样的发明或者实用新型在**申请日**以前向国务院专利行政部门提出过申请，并记载在**申请日**以后公布的专利申请文件或者公告的专利文件中。

（2）创造性。创造性是指与现有技术相比，该发明具有突出的实质性特点和显著的进步，该实用新型具有实质性特点和进步。现有技术，是指申请日以前在国内外为公众所知的技术。

（3）实用性。实用性是指该发明或者实用新型能够制造或者使用，并且能够产生积极效果。

6. 发明创造不丧失新颖性的情形

在申请日前已经公开的技术并<u>不必然</u>导致新颖性的丧失。<u>申请专利的发明创造在申请日以前 6 个月内，有下列情形之一的，不丧失新颖性</u>：

（1）在中国政府主办或承认的国际展览会上首次展出的。

（2）在规定的学术会议或技术会议上首次发表的。

（3）他人未经申请人同意而泄露其内容的。

7. 授予外观设计专利权的条件

（1）不属于现有设计，也没有任何单位或者个人就同样的外观设计在申请日以前向国务院专利行政部门提出过申请，并记载在申请日以前公告的专利文件中。

（2）与现有设计或现有设计特征的组合相比，具有明显区别。

（3）不得与他人在申请日以前已经取得的合法权利相冲突。

8. 不授予专利权的发明创造或事项【选择题、论述题】

（1）对违反法律、社会公德或者妨害公共利益的发明创造，不授予专利权。<u>如能逃过检查夹藏毒品的背心。</u>

（2）对违反法律、行政法规的规定获取或者利用遗传资源，并依赖该遗传资源完成的发明创造，不授予专利权。如人类基因图谱。

（3）<u>对下列各项，不授予专利权</u>：①<u>科学发现</u>。②<u>智力活动的规则和方法</u>。③<u>疾病的诊断和治疗方法</u>。④<u>动物和植物品种</u>。⑤用原子核变换方法获得的物质。⑥对平面印刷品的图案、色彩或者二者的结合作出的主要起标识作用的设计。但是，<u>动物和植物品种的生产方法，可以依法授予专利权</u>。

（4）任何单位或者个人将在中国完成的发明或者实用新型向外国申请专利的，应当事先报经国务院专利行政部门进行保密审查。

易 考 点

1. 我国专利权的客体包括发明、实用新型和外观设计。

2. 授予发明、实用新型和外观设计应具备的条件。

3. 共同发明和委托发明的权利归属。

考点 17　专利权的取得程序

【★★二级知识点，常考题型：选择题、简答题】

1. 专利申请的原则【简答题】

（1）<u>先申请原则</u>。两个以上的申请人分别就同样的发明创造申请专利的，专利权授予最先申请的人。

（2）**单一性原则**。一件专利申请的内容中只能包含一项发明创造，不能将两项或两项以上的发明创造作为一件申请提出。

2. 专利申请文件

申请发明或者实用新型专利的，应当提交请求书、说明书及其摘要、权利要求书等文件。**权利要求书**应当以说明书为依据，清楚、简要地**限定要求专利保护的范围**。

3. 专利申请日

国务院专利行政部门**收到专利申请文件之日**为专利申请日。**如果申请文件是邮寄的，以寄出的邮戳日为申请日**。

4. 专利申请的优先权【简答题、论述题】

专利申请的优先权指专利申请人就其发明创造第一次提出专利申请后，在专利法规定的期限内，又就同一主题的发明创造提出专利申请，申请人有权要求将第一次申请日视为后一次申请的申请日。

专利申请的优先权可分为外国优先权和本国优先权。

（1）外国优先权。申请人自发明或者实用新型在外国第一次提出专利申请之日起 12 个月内，或者自外观设计在外国第一次提出专利申请之日起 6 个月内，又在中国就相同主题提出专利申请的，依照该外国同中国签订的协议或者共同参加的国际条约，或者依照相互承认优先权的原则，可以享有优先权。

（2）本国优先权。申请人自发明或者实用新型在中国第一次提出专利申请之日起 12 个月内，又向国务院专利行政部门就相同主题提出专利申请的，可以享有优先权。

申请人享有优先权的，优先权日视为申请日。

5. 专利申请的实质审查

专利申请的实质审查是指对发明创造的**新颖性、创造性和实用性**进行审查。发明专利申请**自申请日起 3 年内**，国务院专利行政部门可以根据申请人随时提出的请求，对其申请进行实质审查。

6. 专利申请的复审

专利申请人对国务院专利行政部门驳回申请的决定不服的，可以自收到通知之日起**3 个月内**，向专利复审委员会请求复审。专利申请人对专利复审委员会的复审决定不服的，可以自收到通知之日起**3 个月内**向人民法院起诉。

专利申请的外国优先权期限、实质性审查期限、复审期限的规定如

表 4-1 所示。

表 4-1　专利申请的外国优先权期限、实质性审查期限、复审期限的规定

项目	相关规定
专利申请的外国优先权期限	发明或实用新型——12 个月内；外观设计——6 个月内
专利申请的实质性审查期限	发明专利——3 年内
专利申请的复审期限	自收到通知之日起3 个月内

易 考 点

1. 专利申请的原则：(1) 先申请原则。(2) 单一性原则。

2. 专利申请日的确定：国务院专利行政部门收到专利申请文件之日为申请日。如果申请文件是邮寄的，以寄出的邮戳日为申请日。

▶ 考点 18　专利权

【★★★一级知识点，常考题型：选择题、简答题、论述题】

1. 专利权的期限

发明专利权的期限为20 年，实用新型专利权和外观设计专利权的期限为10 年。

2. 专利权人的权利【选择题、简答题】

(1) 独占权。

(2) 转让权。

(3) 许可权。它可分为：独占实施许可、排他实施许可和普通实施许可。

(4) 标记权。

3. 专利实施强制许可的适用情形【论述题】

专利实施的强制许可适用于以下几种情形：

(1) 滥用专利权的强制许可。有下列情形之一的，国务院专利行政部门根据具备实施条件的单位或者个人的申请，可以给予实施发明专利或者实用新型的强制许可：①专利权人自专利权被授予之日起满 3 年，且自提出专利申请之日起满 4 年，无正当理由未实施或者未充分实施其专利的。②专利权人行使专利权的行为被依法认定为垄断行为，为消除或者减少该行为对竞争产生的不利影响的。

(2) 公益目的的强制许可。在国家出现紧急状态或者非常情况时，或

者为了公共利益的目的，国务院专利行政部门可以给予实施发明专利或者实用新型专利的强制许可。

（3）药品专利的强制许可。为了公共健康目的，对取得专利权的药品，国务院专利行政部门可以给予制造并将其出口到符合我国参加的有关国际条约规定的国家或者地区的强制许可。

（4）依赖专利的强制许可。一项取得专利权的发明或者实用新型比之前已经取得专利权的发明或者实用新型具有显著经济意义的重大技术进步，其实施又有赖于前一发明或者实用新型实施的，国务院专利行政部门根据后一专利权人的申请，可以给予实施前一发明或者实用新型的强制许可。

4. 专利权的保护【论述题】

（1）专利权的保护范围：发明或者实用新型专利权的保护范围以其权利要求的内容为准，说明书及附图可以用于解释权利要求的内容。外观设计专利权的保护范围以表示在图片或者照片中的该产品的外观设计为准，简要说明可以用于解释图片或者照片所表示的该产品的外观设计。

（2）侵犯专利权的行为有：①未经专利权人许可实施其专利。②假冒专利。

（3）侵犯专利权的法律责任：未经专利权人许可，实施其专利，即侵犯其专利权，引起纠纷的，由当事人协商解决；不愿协商或协商不成的，专利权人或利害关系人可以向人民法院起诉，也可请求管理专利工作的部门处理。侵犯专利权应承担的责任包括民事责任、行政责任和刑事责任。

5. 假冒专利的行为【简答题】

（1）在未被授予专利权的产品或其包装上标注专利标识，专利权被宣告无效后或者终止后继续在产品或者其包装上标注专利标识，或者未经许可在产品或者产品包装上标注他人的专利号。

（2）销售第（1）项所述产品。

（3）在产品说明书等材料中将未被授予专利权的技术或者设计称为专利技术或者专利设计，将专利申请称为专利，或者未经许可使用他人的专利号，使公众将所涉及的技术或者设计误认为是专利技术或者专利设计。

（4）伪造或者变造专利证书、专利文件或者专利申请文件。

（5）其他使公众混淆，将未被授予专利权的技术或者设计误认为是专利技术或者专利设计的行为。

易考点

1. 专利权的期限：发明专利权的期限为 20 年，实用新型专利权和外观设计专利权的期限为 10 年。

2. 专利权人的权利：(1) 独占权。(2) 转让权。(3) 许可权。(4) 标记权。

3. 假冒专利的行为。

PART 4 难点回顾

🔍 专利权的归属。

🔍 授予发明和实用新型专利权的条件。

🔍 专利申请的审查和批准程序。

🔍 专利实施的强制许可。

🔍 假冒专利的行为。

过考百科

就性质而言，专利法既是国内法，又是涉外法；既是确立专利权人的各项权利和义务的实体法，又是规定专利申请、审查、批准一系列程序制度的程序法；既是调整在专利申请、审查、批准和专利实施管理中纵向关系的法律，又是调整专利所有、专利转让和使用许可的横向关系的法律；既是调整专利人身关系的法律，又是调整专利财产关系的法律。

PART 5 真题演练

一、单选题

1. △【2010 年 10 月】王某因履行本职工作作出了一项发明，该发明为(　　)。

A. 职务发明　　　B. 非职务发明　　　C. 共同发明　　　D. 委托发明

2. 【2018 年 4 月】甲获得一项产品发明专利，在专利申请日前乙已经制造相同产品，则乙可以(　　)。

A. 放弃该发明专利权　　　　　B. 转让该发明专利权

C. 许可他人实施该发明专利　　D. 在原有范围内继续制造该产品

3. △【2011年1月】王某和刘某是甲公司的技术开发中心的工程师，在本职工作中共同作出了一项发明创造，该发明创造属于(   )。

    A. 职务发明　　　　　B. 非职务发明　　　　C. 委托发明　　　　D. 共同发明

4. △【2012年1月】根据我国《专利法》的规定，下列可作为实用新型专利权客体的是(   )。

    A. 方法发明　　　　　B. 粉末状物质　　　　C. 颗粒状材料　　　　D. 带有花纹的轮胎

5.【2012年10月】根据我国专利法，粉末、颗粒状的物质或材料可申请(   )。

    A. 产品发明专利　　　B. 方法发明专利　　　C. 实用新型专利　　　D. 外观设计专利

6.【2013年10月】甲向国家知识产权局申请发明专利，后收到驳回申请的决定。自收到该驳回申请决定的通知之日起，甲申请复审的期限为(   )。

    A. 1个月内　　　　　B. 2个月内　　　　　C. 3个月内　　　　　D. 4个月内

7.【2014年10月】确定发明、实用新型专利权保护范围的依据是(   )。

    A. 请求书　　　　　　B. 说明书　　　　　　C. 摘要　　　　　　　D. 权利要求书

8. △【2015年4月】发明专利申请人享有外国优先权的期限为(   )。

    A. 3个月　　　　　　B. 6个月　　　　　　C. 9个月　　　　　　D. 12个月

9. △【2015年10月】我国发明专利权的期限为(   )。

    A. 10年　　　　　　B. 15年　　　　　　C. 20年　　　　　　D. 25年

易 错 题

    第4题、第5题为易错题，考生需要牢牢掌握知识点，考试时认真审题，避免作答失误。

    △表示该题所涉及知识点为高频考点。

二、主观题

1. 简述专利申请的原则。

2. 简述专利权人的主要权利。

3. 论述专利权的保护。

PART 6 答案解析 ✕

一、单选题

1. 答案：A

解析：职务发明是指执行本单位的任务或者主要是利用本单位的物质技术条件所完成

的发明创造。

2. 答案：D

解析：在专利申请日前已经制造相同产品、使用相同方法或者已经做好制造、使用的必要准备，并且仅在原有范围内继续制造、使用的，不视为侵犯专利权。

3. 答案：A

解析：职务发明是指执行本单位的任务或者主要是利用本单位的物质技术条件所完成的发明创造。

4. 答案：D

解析：实用新型是指对产品的形状、构造或者其结合所提出的适于实用的新的技术方案。

5. 答案：A

解析：发明是指对产品、方法或者其改进所提出的新的技术方案，发明包括产品发明（如新的医药产品、新的建筑材料）和方法发明（如培育植物新品种的方法）。

6. 答案：C

解析：专利申请人对国务院专利行政部门驳回申请的决定不服的，可以自收到通知之日起3个月内，向专利复审委员会请求复审。

7. 答案：D

解析：发明或者实用新型专利权的保护范围以其权利要求的内容为准，说明书及附图可以用于解释权利要求的内容。

8. 答案：D

解析：外国优先权是指申请人自发明或者实用新型在外国第一次提出专利申请之日起12个月内，或者自外观设计在外国第一次提出专利申请之日起6个月内，又在中国就相同主题提出专利申请的，依照该外国同中国签订的协议或者共同参加的国际条约，或者依照相互承认优先权的原则，可以享有优先权。

9. 答案：C

解析：发明专利权的期限为20年，实用新型专利权和外观设计专利权的期限为10年，均自申请日起计算。

二、主观题

1. 答：专利申请的原则包括先申请原则和单一性原则。

（1）先申请原则是指两个以上的申请人分别就同样的发明创造申请专利的，专利权授予最先申请的人。

（2）单一性原则是指一件专利申请的内容中只能包含一项发明创造，不能将两项或两项以上的发明创造作为一件申请提出。

2. 答：（1）独占权。

（2）转让权。

（3）许可权。

（4）标记权。

3. 答：（1）专利权的保护范围：发明或者实用新型专利权的保护范围以其权利要求的内容为准，说明书及附图可以用于解释权利要求的内容。外观设计专利权的保护范围以表示在图片或者照片中的该产品的外观设计为准，简要说明可以用于解释图片或者照片所表示的该产品的外观设计。

（2）侵犯专利权的行为有：①未经专利权人许可实施其专利。②假冒专利。

（3）侵犯专利权的法律责任：未经专利权人许可实施其专利，即侵犯其专利权，引起纠纷的，由当事人协商解决；不愿协商或协商不成的，专利权人或利害关系人可以向人民法院起诉，也可请求管理专利工作的部门处理。侵犯专利权应承担的责任包括民事责任、行政责任和刑事责任。

恭喜你完成了本章的学习，全书章节进度已完成4/10。当遗憾取代了梦想，人才算是真的老了。在此，请记录下你的学习心得吧。

第五章　商标法

备考指南

通过本章的学习，你应该：了解商标和商标法的概念与特征；掌握商标法的基本制度，特别是有关商标权的内容、商标权的限制、商标权的保护等制度。本章的重要程度为★★★，考题多以选择题、简答题、案例题的形式出现。考生在复习时，要反复记忆知识点中的划线部分，并充分利用书中"小笔记"部分进行书写，确保熟记于心，自如地运用到考试中。

学习目标

通过本章的学习，你将掌握以下知识点：

1. 商标的概念、分类及构成条件。

2. 商标注册的申请、商标注册申请的审查与核准。

3. 商标权的内容、限制及保护。

4. 驰名商标的认定和保护。

PART 1　本章知识宝图 ✎

本章共 3 个考点，知识宝图见图 5－1。图中对知识点用星标做了重要程度标注，★★★为高频考点，★★为中频考点，★为一般考点，考生可对照知识宝图循序渐进地复习。

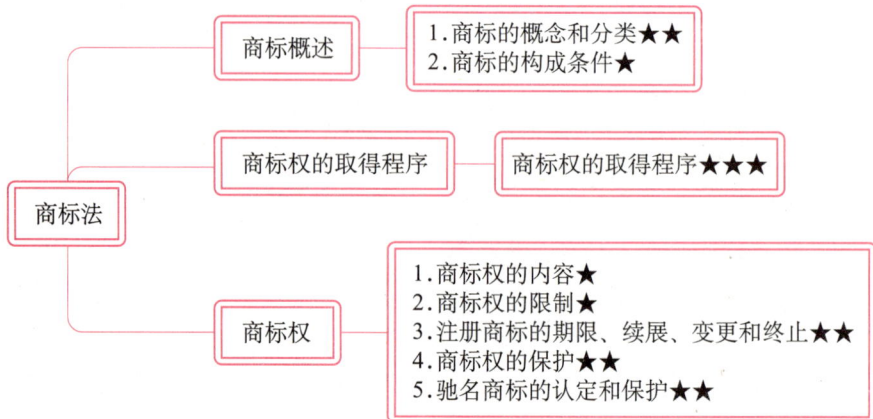

```
商标法 ─┬─ 商标概述 ─── 1.商标的概念和分类★★
        │                2.商标的构成条件★
        │
        ├─ 商标权的取得程序 ─── 商标权的取得程序★★★
        │
        └─ 商标权 ─── 1.商标权的内容★
                      2.商标权的限制★
                      3.注册商标的期限、续展、变更和终止★★
                      4.商标权的保护★★
                      5.驰名商标的认定和保护★★
```

图 5－1　本章知识宝图

PART 2　名师伴读 🎧

名师伴读，"码"上听课

本视频内容包含商标的构成条件等。

登录 http：//51xcjyw.com/index.do 观看完整内容。

人大芸窗职教学苑名师伴读系列

PART 3　高频考点 ✏

考点 19　商标概述

【★★★一级知识点，常考题型：单选题、简答题】

1. 商标的概念

商标是指商品的生产经营者或者服务提供者使用于商品或服务上，由**文字、图形、字母、数字、三维标志、颜色组合**等或者这些要素的组合构成的，具有显著特征，易于识别的标志。

2. 商标的分类

根据商标使用对象的不同，商标可分为**商品商标**和**服务商标**。**商品商标**是生产经营者在生产、制造、加工、拣选或经销的**有形商品上使用的标记**，如可口可乐商标。服务商标是服务业经营者在其提供的服务项目上使用的标记，如"爆肚冯""烤肉季"。

3. 商标的构成要件【单选题、简答题】

（1）具有显著特征，便于识别。

（2）不得与他人在先取得的合法权利相冲突。

（3）不得违反法律的禁止性规定。

4. 不得作为商标使用的标志

下列标志不得作为商标使用：

（1）同中华人民共和国的国家名称、国旗、国徽、国歌、军旗、军徽、军歌、勋章等相同或者近似的，以及同中央国家机关的名称、标志、所在地特定地点的名称或者标志性建筑物的名称、图形相同的。

（2）同外国的国家名称、国旗、国徽、军旗等相同或者近似的，但经该国政府同意的除外。

（3）同政府间国际组织的名称、旗帜、徽记等相同或者近似的，但经该组织同意或者不易误导公众的除外。

（4）与表明实施控制、予以保证的官方标志、检验印记相同或者近似的，但经授权的除外。

（5）同"红十字""红新月"的名称、标志相同或者近似的。

（6）带有民族歧视性的。

（7）带有欺骗性，容易使公众对商品的质量等特点或者产地产生误认的。

（8）有害于社会主义道德风尚或者有其他不良影响的。

县级以上行政区划的地名或者公众知晓的外国地名，不得作为商标。但是，地名具有其他含义或者作为集体商标、证明商标组成部分的除外。已经注册的使用地名的商标继续有效。

5. 不得作为商标注册的标志

下列标志不得作为商标注册：

（1）仅有本商品的通用名称、图形、型号的。

（2）仅直接表示商品的质量、主要原料、功能、用途、重量、数量及其他特点的。

（3）其他缺乏显著特征的。

上述标志经过使用取得显著特征，并便于识别的，可以作为商标注册。

以三维标志申请注册商标的，仅由商品自身的性质产生的形状、为获得技术效果而需有的商品形状或者使商品具有实质性价值的形状，不得注册。

易 考 点

1. 商标的构成要件。

2. 不得作为商标使用和注册的标志。

考点 20　商标权的取得程序

【★★★一级知识点，常考题型：选择题、简答题】

1. 商标注册的原则【选择题、简答题】

（1）自愿注册原则。（注：烟草制品必须使用注册商标）

（2）先申请原则。

（3）优先权原则。

2. 商标注册申请的先申请原则

如果申请人是同一天提出申请的，则以使用在先原则作为补充。如果同一天使用或者均未使用的，则双方自收到商标局通知之日起自行协商，并将书面协议报送商标局；不愿协商或协商不成的，抽签解决。商标局已经通知但申请人未参加抽签的，视为放弃申请。

3. 商标注册申请的优先权原则【简答题】

商标注册申请人自其商标在外国第一次提出商标注册申请之日起 6 个月内，又在中国就相同商品以同一商标提出商标注册申请，依照该外国同中国签订的协议或者共同参加的国际条约，或者按照相互承认优先权的原则，可以享有优先权。

除了申请优先权，我国商标法还规定了展览优先权，即商标在展览会展出的商品上首次使用的，可以享有优先权。

4. 商标注册申请的审查与核准

（1）申请手续基本齐备或者申请文件基本符合规定，但是需要补正的，商标局通知申请人予以补正，限其自收到通知之日起 30 日内，按照指定内容补正并交回商标局。在规定期限内补正并交回商标局的，保留申请日期；期满未补正的或者不按要求进行补正的，商标局不予受理并书面通知申请人。

（2）商标注册申请的审查包括形式审查和实质审查两个方面。

（3）对初步审定的商标，自公告之日起 3 个月内，任何人均可以提出异议。

（4）核准注册日是商标注册申请人取得商标专用权的时间，申请人自核准注册之日起成为商标权人。

易考点

1. 商标注册的原则：（1）自愿注册原则。（2）先申请原则。（3）优先权原则。

2. 核准注册日是商标注册申请人取得商标专用权的时间。

考点 21　商标权

【★★★一级知识点，常考题型：选择题、简答题、案例题】

1. 商标权的具体内容和商标许可的类别

商标权的具体内容包括：使用权、禁止权、转让权和许可权。

商标许可包括以下三类：【简答题】

（1）独占许可权。它是指商标注册人在约定的期间、地域和以约定的方式，将该注册商标权许可一个被许可人使用，商标注册人依约定不得使用该注册商标。

（2）排他使用许可。它是指商标注册人在约定的期间、地域和以约定的方式，将该注册商标权许可一个被许可人使用，商标注册人依约定可以使用该注册商标。

（3）普通使用许可。它是指商标注册人在约定的期间、地域和以约定的方式，许可他人使用该注册商标，并可自行使用该注册商标和许可他人使用该注册商标。

2. 商标权的限制

商标注册人申请商标注册前，他人已经在同一种商品或者类似商品上先于商标注册人使用与注册商标相同或者近似并有一定影响的商标的，注册商标专用权人**无权禁止该使用人在原使用范围内继续使用该商标，但可以要求其附加适当区别标识。**

3. 注册商标的有效期与续展注册

注册商标的有效期为 10 年，自核准注册之日起计算。注册商标有效期满，需要继续使用的，应当在期满前 12 个月内按照规定办理续展手续；在此期间未能办理的，可以给予 6 个月的宽展期。**每次续展注册的有效期为 10 年**，自该商标上一届有效期满的次日起计算。期满未办理续展手续的，注销其注册商标。**续展注册经核准后，予以公告。**

4. 注册商标的终止

注册商标的终止是指由于法定事由的发生，注册商标所有人丧失其商标权，法律不再对该注册商标给予保护。

注册商标因<u>注销、撤销或者被宣告无效</u>而终止。

（1）<u>注册商标因注销而终止</u>。注销是指注册商标所有人自动放弃注册商标或商标局依法取消注册商标的程序。<u>注册商标法定期限届满，未申请续展或申请续展未获批准的，也需要注销该注册商标</u>。

（2）<u>注册商标因撤销而终止</u>。撤销是指商标主管机关或商标仲裁机构对违反商标法有关规定的行为予以处罚，使注册商标专用权归于消灭的程序。<u>撤销事由</u>主要有以下两种情况：①商标注册人在使用注册商标的过程中，<u>自行改变注册商标或者自行改变注册人名义、地址或者其他注册事项的</u>，经地方工商行政管理部门（现为地方市场监督管理部门）责令限期改正，期满不改正的，由商标局撤销其注册商标。②<u>注册商标成为其核定使用的商品的通用名称或者没有正当理由连续 3 年不使用的</u>，任何单位或者个人可以向商标局申请撤销该注册商标。商标局应自收到申请之日起 9 个月内作出决定，有特殊情况需要延长的，经国务院工商行政管理部门（现为国务院市场监督管理部门）批准，可以延长 3 个月。

（3）<u>注册商标因被宣告无效而终止</u>。注册商标被宣告无效的事由有：①因注册不当而被宣告无效；②因侵犯他人权益而被宣告无效。注册商标被宣告无效的法律后果：<u>被宣告无效的注册商标，由商标局予以公告，商标权视为自始不存在</u>。

5. 商标权的保护范围

<u>注册商标的专用权，以核准注册的商标和核定使用的商品为限</u>。商标法对注册商标专用权的保护有很强的确定性，以登记注册的事项为准。<u>超出核定范围的商品或者改变核准注册的商标形态的使用行为，法律不予保护</u>。如果注册商标需要在核定使用范围之外的商品取得商标权的，应当另行提出注册申请。

6. 侵犯商标专用权的行为【选择题、案例题】

（1）未经注册商标注册人的许可，在同一种商品或者类似商品上使用与注册商标相同或者近似的商标，容易导致混淆的。

（2）销售侵犯注册商标专用权的商品，但是销售不知道是侵犯注册商标专用权的商品，且能证明该商品是自己合法取得的并说明提供者的，不承担赔偿责任。

（3）伪造、擅自制造他人注册商标标识或者销售伪造、擅自制造的注册商标标识。

（4）未经商标注册人同意，更换其注册商标并将该更换商标的商品又投入市场的。

（5）故意为侵犯他人注册商标专用权行为提供仓储、运输、邮寄、隐匿、经营场所等便利条件，帮助他人实施侵犯商标专用权行为的。

（6）给他人的商标权造成其他损害的行为。

7. 侵犯商标专用权的法律责任【选择题、案例题】

（1）民事责任。商标专用权遭受侵害的，商标注册人有权要求侵权人承担停止侵害、排除妨害、消除影响、赔偿损失、消除危险等民事责任。侵犯商标专用权的赔偿数额，应依照权利人因被侵权所受到的实际损失确定，实际损失难以确定的，可以按照侵权人在侵权期间因侵权所获得的利益确定。

（2）行政责任。

（3）刑事责任。

8. 驰名商标【简答题、案例题】

驰名商标通常是指在市场享有较高声誉、为相关公众所熟知，并且有较强竞争力的商标。驰名商标根据是否为注册商标，可分为注册的驰名商标和未注册的驰名商标。

认定驰名商标应当考虑下列因素：

（1）相关公众对该商标的知晓程度。

（2）该商标使用的持续时间。

（3）该商标的任何宣传工作的持续时间、程度和地理范围。

（4）该商标作为驰名商标受保护的记录。

（5）该商标驰名的其他因素。

易考点

1. 商标权的具体内容包括：使用权、禁止权、转让权和许可权。

2. 侵犯商标专用权的行为。

3. 驰名商标的认定条件。

PART 4　难点回顾

🔍 商标的构成条件。

🔍 商标权的限制。

🔍 侵犯商标专用权的行为。

🔍 对驰名商标的认定和保护。

过考百科

2019年4月23日，第十三届全国人大常委会第十次会议决定对《商标法》进行修正，此次修改共涉及6条条文。为了进一步加重侵权成本，惩罚恶意侵权人，此次修改将恶意侵犯商标专用权的侵权赔偿数额计算倍数由1倍以上3倍以下提高到1倍以上5倍以下，并将商标侵权法定赔偿数额上限从300万元提高到500万元。

PART 5 真题演练

一、单选题

1.△【2012年1月】根据我国《商标法》的规定，下列商品中必须使用注册商标的是（   ）。

A. 食品　　　　　　B. 烟草制品　　　　　C. 服装　　　　　　D. 餐具

2.△【2014年4月】根据我国《商标法》的规定，自核准注册之日起计算，注册商标的有效期为（   ）。

A. 5年　　　　　　B. 10年　　　　　　C. 15年　　　　　　D. 20年

3.△【2014年10月】商标专用权的取得时间是（   ）。

A. 商标注册申请之日　　　　　　　　B. 实质审查完成之日

C. 初步审定之日　　　　　　　　　　D. 核准注册之日

4.【2015年4月】根据商标使用对象的不同，可以将商标分为（   ）。

A. 注册商标和未注册商标　　　　　　B. 商品商标和服务商标

C. 平面商标和立体商标　　　　　　　D. 集体商标和证明商标

5.△【2016年10月】下列关于我国商标注册规定的表述，正确的是（   ）。

A. 中华人民共和国国徽可以注册为商标

B. 注册商标不能用于服务

C. 三维标志不可以注册为商标

D. "红十字"的文字或标志不可以注册为商标

6.【2016年10月】对初步审定的商标提出异议的期限为，自公告之日起（   ）。

A. 1个月内　　　　　B. 3个月内　　　　　C. 6个月内　　　　　D. 12个月内

7.【2017年4月】某地大枣协会申请注册了"芝金"商标，核定使用在大枣上，许可本协会成员使用。该商标属于（   ）。

A. 商品商标　　　　　B. 驰名商标　　　　　C. 服务商标　　　　　D. 联合商标

8.【2017年10月】下列关于注册商标终止的表述，错误的是（   ）。

A. 商标注册人申请注销的，注册商标终止

B. 商标注册人未申请续展的，注册商标终止

C. 注册商标无正当理由连续 3 年不使用，由商标局主动撤销注册商标

D. 商标注册人自行改变注册商标，未按地方工商行政管理部门要求限期改正的，由商标局撤销其注册商标

易 错 题

第 5 题、第 8 题为易错题，考生需要牢牢掌握知识点，考试时认真审题，避免作答失误。

△表示该题所涉及知识点为高频考点。

二、主观题

1. 根据我国商标法，认定驰名商标应当考虑哪些因素？

2. 简述商标的构成要件。

3. 简述商标注册的原则。

PART 6　答案解析 ✖

一、单选题

1. 答案：B

解析：烟草制品必须使用注册商标。

2. 答案：B

解析：注册商标的有效期为 10 年，自核准注册之日起计算。

3. 答案：D

解析：核准注册日是商标注册申请人取得商标专用权的时间，申请人自核准注册之日起成为商标权人。

4. 答案：B

解析：根据商标使用对象的不同，商标可分为商品商标和服务商标。

5. 答案：D

解析：《商标法》第 10 条规定："下列标志不得作为商标使用：（一）同中华人民共和国的国家名称、国旗、国徽、国歌、军旗、军徽、军歌、勋章等相同或者近似的，以及同中央国家机关的名称、标志、所在地特定地点的名称或者标志性建筑物的名称、图形相同的；……（五）同"红十字""红新月"的名称、标志相同或者近似的；……"

6. 答案：B

解析：对初步审定的商标，自公告之日起3个月内，任何人均可以提出异议。

7. 答案：A

解析：根据商标使用对象的不同，商标可分为商品商标和服务商标。商品商标是生产经营者在生产、制造、加工、拣选或经销的有形商品上使用的标记，如可口可乐商标。服务商标是服务业经营者在其提供的服务项目上使用的标记，如"爆肚冯""烤肉季"；驰名商标通常是指那些在市场上享有较高声誉、为相关公众所熟知，并且有较强竞争力的商标。由题干可知，该商标属于商品商标。

8. 答案：C

解析：注册商标成为其核定使用的商品的通用名称或者没有正当理由连续3年不使用的，任何单位或者个人可以向商标局申请撤销该注册商标。商标局应自收到申请之日起9个月内作出决定，有特殊情况需要延长的，经国务院工商行政管理部门（现为国务院市场监督管理部门）批准，可以延长3个月。故C选项中的"由商标局主动撤销注册商标"这一表述不正确。

二、主观题

1. 答：《商标法》规定，认定驰名商标应该考虑下列因素：

（1）相关公众对该商标的知晓程度。

（2）该商标使用的持续时间。

（3）该商标的任何宣传工作的持续时间、程度和地理范围。

（4）该商标作为驰名商标受保护的记录。

（5）该商标驰名的其他因素。

2. 答：商标的构成要件有：

（1）具有显著特征，便于识别。

（2）不得与他人在先取得的合法权利相冲突。

（3）不得违反法律的禁止性规定。

3. 答：自愿注册原则、先申请原则、优先权原则。

恭喜你完成了本章的学习，全书章节进度已完成一半。古之立大事者，不惟有超世之才，亦必有坚忍不拔之志。在此，请记录下你的学习心得吧。

第六章 反垄断与反不正当竞争法

备考指南

备考指南

　　反垄断与反不正当竞争法是现代经济法的重要组成部分，在市场规制法中居于核心地位。通过本章的学习，你应该：了解反垄断法与反不正当竞争法的立法概况，垄断、不正当竞争行为的概念和特征，垄断的分类；重点学习和掌握经济性垄断与行政性垄断的类型及相应的法律规制，不正当竞争行为的类型及认定。本章重要程度为★★，考题多以选择题、简答题、论述题的形式出现。考生在复习时，要反复记忆知识点中的划线部分，并充分利用书中"小笔记"部分进行书写，确保熟记于心，自如地运用到考试中。

学习目标

通过本章的学习，你将掌握以下知识点：

1. 垄断的概念及分类、反垄断法的适用范围和适用除外。
2. 经济性垄断的法律规制。
3. 行政性垄断的法律规制。
4. 不正当竞争行为的概念、特征、类型及民事责任。

PART 1 本章知识宝图 ✎

本章共 2 个考点，知识宝图见图 6-1。图中对知识用星标做了重要程度标注，★★★为高频考点，★★为中频考点，★为一般考点，考生可对照知识宝图循序渐进地复习。

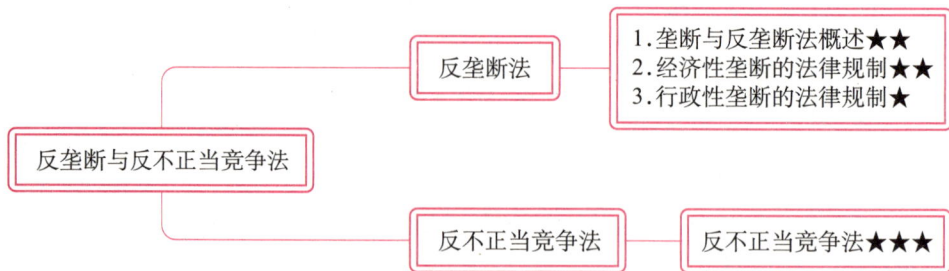

```
                              ┌─────────────────────────────┐
                  ┌──反垄断法──┤ 1.垄断与反垄断法概述★★        │
                  │           │ 2.经济性垄断的法律规制★★       │
                  │           │ 3.行政性垄断的法律规制★        │
反垄断与反不正当竞争法         └─────────────────────────────┘
                  │
                  └──反不正当竞争法──反不正当竞争法★★★
```

图 6-1　本章知识宝图

PART 2 名师伴读 🎧

名师伴读，"码"上听课

本视频内容包含假冒混同行为、商业贿赂行为等。

登录 http：//51xcjyw.com/index.do 观看完整内容。

人大芸窗职教学苑名师伴读系列

PART 3 高频考点 ✐

小笔记

▶ **考点 22　反垄断法**

【★★★一级知识点，常考题型：选择题、简答题、论述题】

1. 反垄断法的概念

反垄断法是现代经济法的重要组成部分，是旨在规制市场中一系列独占市场、限制竞争、破坏市场竞争机制、损害社会公平利益行为的法律。**在美国，反垄断法以反托拉斯为主要内容，称为"反托拉斯法"。**

2. 我国制定反垄断法的目的

我国制定反垄断法的目的有以下几个方面：

（1）预防和制止垄断行为。

（2）保护市场公平竞争，提高经济运行效益。

（3）维护消费者利益。

（4）维护社会公共利益，促进社会主义市场经济健康发展。

3. 我国反垄断法的适用

我国反垄断法主要适用于两类垄断行为：【选择题、简答题】

（1）经营者的经济性垄断行为。反垄断法所规制的经济性垄断行为，指市场主体通过自身的力量设置市场进入障碍而形成的垄断，不仅包括经营者在我国境内经济活动中从事的垄断行为，也包括在我国境外发生的，对国内市场竞争产生排除、限制影响的垄断行为。

（2）行政机关和法律、法规授权的具有管理公共事务职能的组织滥用行政权力，排除、限制竞争的行政性垄断行为。行政性垄断是指由政府行政机构设置的市场进入障碍而形成的垄断。

4. 不适用反垄断法的情形

我国反垄断法规定了两种适用除外的类型（不适用反垄断法）：

（1）经营者依照有关知识产权的法律、行政法规规定行使知识产权的行为。

（2）农业生产者及农村经济组织在农产品生产、加工、销售、运输、储存等经营活动中实施的联合或者协同行为。（农业包括农产品种植业、林业、畜牧业和渔业）

5. 经济性垄断的法律规制

（1）垄断协议。

垄断协议有两种类型：横向垄断协议和纵向垄断协议。

横向垄断协议是指具有竞争关系的经营者之间达成的协议。它具体包括：①固定或者变更商品价格。②限制商品的生产数量或者销售数量。③分割销售市场或者原材料采购市场。④限制购买新技术、新设备或者限制开发新技术、新产品。⑤联合抵制交易，又称集体拒绝交易。⑥国务院反垄断执法机构认定的其他垄断协议。

纵向垄断协议是指经营者与交易相对人之间达成的协议。它主要表现为：①固定向第三人转售商品的价格。②限定向第三人转售商品的最低价格。③国务院反垄断执法机构认定的其他垄断协议。

以下垄断协议予以豁免：①经营者为改进技术、研究开发新产品的。②为提高产品质量、降低成本、增进效率，统一产品规格、标准或者实行专业化分工的。③为提高中小经营者经营效率，增强中小经营者竞争力的。④为实现节约能源、保护环境、救灾救助等社会公共利益的。⑤因经济不景气，为缓解销售量严重下降或者生产明显过剩的。⑥为保障对外贸易和对外经济合作中的正当利益的。⑦法律和国务院规定的其他情形。对于上述第①项至第⑤项情形予以豁免的，经营者要承担相应的举证责任，证明其所达成的协议不会严重限制相关市场的竞争，并且能够使消费者分享由此产生的利益。

（2）市场支配地位的滥用。【简答题】

滥用市场支配地位是指居于支配地位的企业为维持或者增强其市场支配地位而实施的反竞争行为。

滥用市场支配地位的表现形式有：①以不公平的高价销售商品或者以不公平的低价购买商品。②掠夺性定价行为。③拒绝交易行为。④独家交易行为。⑤搭售和附加不合理交易条件。⑥歧视待遇行为。⑦国务院反垄断执法机构认定的其他滥用市场支配地位的行为。

（3）**经营者集中**。【论述题】

经营者集中又称企业合并、企业集中，是指两个或两个以上相互独立的企业合并为一个企业，或企业之间通过取得股权或资产或通过合同等方式，使一个企业能够直接或间接控制另一个企业。

经营者集中的形式有：【简答题】①经营者合并，是指两个或两个以上的企业通过订立合并协议，根据相关法律合并为一家企业的法律行为。经营者合并其实就是公司法意义上的企业合并。②经营者通过取得股权或资产的方式取得对其他经营者的控制权。③经营者通过合同等方式取得对其他经营者的控制权或者能够对其他经营者施加决定性影响。

6. 行政性垄断的概念和特征

行政性垄断**是指行政机关和法律、法规授权的具有管理公共事务职能的组织滥用行政权力限制竞争的行为**。

行政性垄断具有如下特征：

（1）行政性垄断是**地方政府或中央政府的行业主管部门**利用行政权力形成的。

（2）行政垄断的目的是保护地方经济利益或部门经济利益。

（3）行政垄断的形式主要是**指定交易和限制资源自由流通**。

（4）行政性垄断的**后果是导致统一市场的人为分割及市场壁垒**。

7. 我国行政性垄断的表现形式

（1）行政机关和法律、法规授权的具有管理公共事务职能的组织滥用行政权力，实施地区封锁的限制竞争行为。

（2）行政机关和法律、法规授权的具有管理公共事务职能的组织滥用行政权力，限定或者变相限定单位或者个人经营、购买、使用其指定的经营者提供的商品。例如，某地民政部门利用办理结婚登记的权力限定办证申请人到指定的照相馆照相。

（3）行政机关和法律、法规授权的具有管理公共事务职能的组织滥用行政权力，强制经营者从事反垄断法规定的垄断行为。例如，地方政府在企业合并中通过"拉郎配"制造出大型企业，或要求地方企业集体抬高价格等。

（4）行政机关滥用行政权力，制定含有排除、限制竞争内容的规定。例如，地方政府及其所属部门以文件、会议纪要、规定或联合发文的形式，排除、限制竞争，阻碍商品在全国自由流通或阻碍企业的自由设立。

易考点

1. 不适用反垄断法的情形。

2. 经济性垄断的表现形式：（1）垄断协议。（2）市场支配地位的滥用。（3）经营者集中。

3. 行政性垄断的概念与特征。

考点 23 反不正当竞争法

【★★★一级知识点，常考题型：选择题、简答题、案例题】

1. 不正当竞争行为的概念及特征【简答题】

（1）**不正当竞争行为的概念**。不正当竞争行为泛指经营者为了获得市场竞争优势，违反公认的商业习俗和道德，采用欺诈、混淆等经营手段排挤或破坏竞争，扰乱市场经济秩序，并损害其他经营者和消费者合法权益的竞争行为。

（2）**不正当竞争行为的特征**。①不正当竞争行为是一种竞争行为。②不正当竞争行为的主体为实施违法竞争行为的经营者。③经营者实施了不正当竞争行为。④不正当竞争行为具有社会危害性。

2. 不正当竞争行为的主要类型

（1）假冒混同行为。

（2）虚假标示行为。

（3）虚假宣传行为。

（4）商业贿赂行为。

（5）侵犯商业秘密行为。

（6）不正当有奖销售行为。

（7）商业诽谤行为。

3. 假冒混同行为【选择题、案例题】

假冒混同行为是指经营者采取欺骗手段从事交易，使自己的商品或服务与特定竞争对手的商品或服务混淆，造成或足以造成购买者误认、误购的不正当竞争行为。

假冒混同行为包括如下内容：

（1）假冒他人注册商标的行为。

（2）仿冒知名商品行为。

1）**知名商品**。【案例题】**知名商品是指在市场上具有一定知名度、为相关公众所知悉的商品**。在不同地域范围内使用相同或者近似的知名商品特有的名称、包装、装潢，在后使用者能够证明其善意使用的，不构成不正当竞争行为。因后来的经营活动进入相同地域范围而使其商品来源足以产生混淆，在先使用者请求责令在后使用者附加足以区别商品来源的其他标识的，人民法院应当予以支持。

2）**知名商品特有的名称、包装、装潢**。【案例题】这是指商品的名称、包装、装潢不为相关商品所通用，并具有显著的区别商品来源的名称，为识别商品以及方便携带、储运而使用在商品上的包装，为识别与美化商品而在商品或包装上附加的文字、图案、色彩及其编排的组合。

3）**仿冒知名商品行为的认定标准**。【案例题】①因仿冒行为被误导的主体必须是一般消费者。②仿冒商品与知名商品具有近似性。③一般消费者加以普通注意时会对商品来源发生误解的，即为引人误解，无须对消费者课以高度注意的义务。

（3）假冒他人的企业名称和他人姓名的行为。

4. 虚假标示行为

虚假标示行为是指经营者在商品或其包装的标识上，对商品的认证标志、产地和其他质量因素作不真实的标注，欺骗购买者的不正当竞争行为。其表现有：

（1）伪造或冒用认证标志及名优标志等质量标志。

（2）伪造产地。

（3）对商品质量作引人误解的虚假标示。

5. 虚假宣传行为【选择题、简答题】

（1）虚假宣传行为的**主体是经营者**。**虚假宣传行为主要包括**：①虚假的广告行为。②虚假的新闻报道。③引人误解的广告宣传行为。④变相广告行为。

（2）**经营者具有下列行为之一，足以造成相关公众误解的，可以认定为引人误解的虚假宣传行为**：①对商品作片面的宣传或者对比的。②将科学上未定论的观点、现象等当作定论的事实用于商品宣传的。③以歧义性语言或者其他引人误解的方式进行商品宣传的。**以明显的夸张方式宣传商**

品，不足以造成相关公众误解的，不属于引人误解的虚假宣传行为。人民法院应当根据日常生活经验、相关公众一般注意力、发生误解的事实和被宣传对象的实际情况等因素，对引人误解的虚假宣传行为进行认定。这里所说的"相关公众"，是指一般消费者或受广告影响的一般受众。只要一般大众受经营者宣传的影响而对其商品或服务产生误解，即可认为有关的商品宣传为虚假广告宣传行为。

6. 商业贿赂行为

（1）商业贿赂的概念。商业贿赂是指经营者在市场交易活动中，通过收买竞争对手的代表或其他能够影响市场交易的有关人员，以获取交易机会和竞争优势。

（2）商业贿赂的特征。【简答题】①商业贿赂的行贿主体是经营者，受贿主体是作为交易相对人的经营者或其他对交易具有影响力的有关人员。②主观上，行贿者的目的是借用商业贿赂手段促成交易或在交易中排挤同业竞争者，取得竞争优势。被勒索或被胁迫而不得不给予交易对方财物者，实属无奈之举，主观上不具有商业贿赂的目的。③商业贿赂是以不正当方式进行的行为。④商业贿赂行为具有违法性。

（3）回扣。回扣是商业贿赂的典型形式。

（4）折扣。折扣虽然是一种合法的让利销售行为，不属于商业贿赂的范畴，但国家也需要对折扣进行规范，对折扣的比例加以限制，防止某些企业推行削价销售、限制竞争的价格政策。国家允许在正常交易中将不超过交易总额3%的折扣返还给顾客，但超过该比例进行支付的，则被认为是具有商业贿赂性质的违法行为。

7. 侵犯商业秘密行为【选择题、案例题】

（1）商业秘密的概念。商业秘密是指不为公众所知悉、能为权利人带来经济利益、具有实用性并经权利人采取保密措施的技术信息和经营信息。

（2）商业秘密的特征。①秘密性。②权利人采取了合理的保密措施。③经济实用性。

（3）不构成商业秘密的有关信息不为公众所知悉的情形。具有下列情形之一的，可以认定商业秘密的有关信息不构成不为公众所知悉：①该信息为其所属技术或者经济领域的人的一般常识或者行业惯例。②该信息仅涉及产品的尺寸、结构、材料、部件的简单组合等内容，进入市场后相关公众通过观察产品即可直接获得。③该信息已经在公开出版物或者其他媒体上公开披露。④该信息已通过公开的报告会、展览等方式公开。⑤该信息从其他公开渠道可以获得。⑥该信息无须付出一定的代价而容易获得。

（4）**具有下列情形之一，在正常情况下足以防止涉密信息泄露的，应当认定权利人采取了保密措施**：①**限定涉密信息的知悉范围**，只对必须知悉的相关人员告知其内容。②对于涉密信息载体采取加锁等防范措施。③在涉密信息的载体上标有保密标志。④对于涉密信息采用密码或者代码等。⑤签订保密协议。⑥对于涉密的机器、厂房、车间等场所限制来访者或者提出保密要求。⑦确保信息秘密的其他合理措施。

（5）**侵犯商业秘密的行为**。【**选择题、简答题、案例题**】①以盗窃、利诱、胁迫或其他不正当手段获取权利人的商业秘密。例如，通过商业洽谈、合作开发研究、参观学习等机会套取、刺探他人的商业秘密等。②披露、使用或允许他人使用以不正当手段获取的商业秘密，即将权利人的商业秘密向第三人透露或向不特定的其他人公开，使其失去秘密价值，或者非法使用他人商业秘密。需要指出的是，以非法手段获取商业秘密的行为人，如果将该秘密再行披露或使用，即构成双重侵权；倘若第三人从侵权人那里获悉了商业秘密而将秘密披露或使用，同样构成侵权。③违反约定或违反权利人有关保守商业秘密的要求，披露、使用或允许他人使用其所掌握的商业秘密。④第三人明知或应知商业秘密的来源不正当，但仍然获取、使用或者披露这种商业秘密。

8. 不正当有奖销售行为

（1）**抽奖式有奖销售**是销售方以抽奖等带有偶然性的方法决定购买方是否中奖，并提供奖品或奖金的销售方式。

（2）**我国《反不正当竞争法》及相关规定禁止经营者实施以下不正当有奖销售行为**：①欺骗性有奖销售。②利用有奖销售的手段推销质次价高的商品。③巨额奖品的有奖销售。抽奖式的有奖销售，**最高奖的金额不得超过5 000元**。

9. 商业诽谤行为

商业诽谤行为是指经营者通过捏造、散布虚伪事实等不正当手段，对竞争对手的商业信誉、商品信誉进行恶意的诋毁、贬低，以削弱其市场竞争能力，并为自己谋取不正当利益的行为。

商业诽谤行为的构成要件：

（1）商业诽谤行为的主体必须是具有竞争关系的经营者。

（2）商业诽谤行为的对象为竞争对手的商业信誉或商品声誉。

（3）商业诽谤行为的目的是削弱竞争对手的市场竞争力，并谋求自己的市场竞争优势，因此行为人主观上具有诽谤的故意。

（4）商业诽谤行为必须具有公示性，即必须为第三人所知悉。

易考点

1. 不正当竞争行为的主要类型：（1）假冒混同行为。（2）虚假标示行为。（3）虚假宣传行为。（4）商业贿赂行为。（5）侵犯商业秘密行为。（6）不正当有奖销售行为。（7）商业诽谤行为。

2. 商业秘密的特征及侵犯商业秘密的行为。

小笔记

PART 4　难点回顾

🔍 反垄断法的立法目的、适用范围、适用除外。

🔍 行政性垄断的认定。

🔍 不正当竞争行为的主要类型。

过考百科

互联网领域的经营者实施"二选一"行为很可能违反《反垄断法》。"二选一"在互联网电商领域由来已久，并呈现愈演愈烈之势。"二选一"限制了交易行为，损害了市场竞争秩序，违背了互联网开放、共享的理念，让平台、合作方和消费者的利益受损。因为"二选一"，互联网平台的合作方被迫站队，被迫放弃一部分经营利益，平台之间的竞争被削弱，这不利于消费者福利的提升。

PART 5　真题演练

一、单选题

1. △【2010 年 10 月】市场主体通过自身的力量设置市场进入障碍而形成的垄断称为（　　）。

　　A. 独占垄断　　　B. 经济性垄断　　　C. 自然垄断　　　D. 行政性垄断

2. 【2011 年 10 月】商业秘密的特征不包括（　　）。

　　A. 秘密性　　　B. 经济实用性　　　C. 保密性　　　D. 安全性

3. △【2011 年 10 月】下列属于我国反不正当竞争法规定的商业诽谤行为的是（　　）。

A. 甲公司总经理有 6 次婚姻经历，其竞争对手乙公司向媒体公布此事

B. 甲公司在公司内部会议上组织与会人员高呼"打垮无能的竞争对手乙公司"

C. 甲公司召开新闻发布会，公开其产品与乙公司产品的客观对比结论

D. 甲公司唆使消费者张三在网络上散布竞争对手乙公司售后服务差的虚假信息

4.【2012 年 1 月】反垄断法在不同的国家有不同的称谓，在美国反垄断法被称为（   ）。

A. "反托拉斯法"

B. "反对限制竞争法"

C. "卡特尔法"

D. "禁止私人垄断及确保公平竞争的法律"

5.△【2012 年 1 月】下列各项中，人民法院可以认定为知名商品特有的名称、包装、装潢的是（   ）。

A. 商品的通用名称

B. 仅直接表示商品主要原料的商品名称

C. 具有独特风格的整体营业形象

D. 仅由商品自身的性质产生的形状

6.【2012 年 10 月】根据反垄断法的规定，我国反垄断法的立法目的不包括（   ）。

A. 保护交易安全   B. 保护市场公平竞争

C. 维护消费者利益   D. 维护社会公共利益

7.【2012 年 10 月】根据反不正当竞争法的规定，以下关于虚假宣传行为的陈述，正确的是（   ）。

A. 虚假宣传行为的主体不是经营者

B. 以明显的夸张方式宣传商品当然是虚假宣传行为

C. 人民法院应当根据日常生活经验等多项因素对虚假宣传行为进行认定

D. 虚假宣传行为所涉相关公众特指相关专家

8.【2012 年 10 月】根据反不正当竞争法关于商业秘密保护的规定，以下表述正确的是（   ）。

A. 某老字号企业"店大不欺客"的牌匾内容是商业秘密

B. 已经获得专利权的发明创造可以成为商业秘密

C. 限定涉密信息的知悉范围表明权利人采取了保密措施

D. 可以采取利诱手段获取权利人的商业秘密

9.【2013 年 10 月】根据我国反不正当竞争法的规定，下列表述正确的是（   ）。

A. 商业贿赂行为的主体是经营者   B. 被胁迫支付贿赂也是商业贿赂行为

C. 回扣不是商业贿赂行为的典型形式 D. 折扣不属于商业贿赂行为

10.△【2014 年 4 月】下列关于假冒混同行为的表述，正确的是（   ）。

A. 假冒他人注册商标的行为不是假冒混同行为

B. 仿冒他人知名商品特有的装潢造成消费者误认是假冒混同行为

C. 对于仿冒行为产生误解的主体是经营者

D. 经营者具有独特风格的整体营业形象不受反不正当竞争法保护

11.△【2014 年 4 月】冯某为甲公司的高级工程师，携带甲公司的商业秘密文件与朋友曾某聚会，不慎将该文件丢在曾某处。之后，曾某自称拥有该商业秘密的所有权，并将该商业秘密以合理的价格卖给不知情的乙公司。以下判断正确的是(　　)。

A. 冯某的行为不侵犯甲公司的商业秘密

B. 曾某的行为不侵犯甲公司的商业秘密

C. 乙公司的行为不侵犯甲公司的商业秘密

D. 甲公司管理不善，只能自行承担相关后果

12.△【2015 年 4 月】根据我国《反不正当竞争法》及相关规定，不正当有奖销售行为不包括(　　)。

A. 欺骗性有奖销售

B. 利用有奖销售推销质次价高的产品

C. 抽奖式有奖销售最高奖金为 6 000 元

D. 利用有奖销售推销换季的产品

13.【2016 年 4 月】根据我国相关法律规定，下列行为不属于引人误解宣传的是(　　)。

A. 对商品作片面的宣传　　　　　B. 对商品作歧义的宣传

C. 对商品作混淆的宣传　　　　　D. 对商品作客观的宣传

易错题

第 3 题、第 7 题、第 11 题为易错题，考生需要牢牢掌握知识点，考试时认真审题，避免作答失误。

△表示该题所涉及知识点为高频考点。

二、主观题

1. 简述商业贿赂行为的特征。

2. 简述不正当竞争行为的概念及特征。

3. 简述经济性垄断的概念和主要形式。

PART 6　答案解析 ✖

一、单选题

1. 答案：B

解析：经济性垄断又称市场垄断，是指市场主体通过自身的力量设置市场进入障碍而形成的垄断。

2. 答案：D

解析：商业秘密的特征包括：秘密性、权利人采取了合理的保密措施、经济实用性。

3. 答案：D

解析：商业诽谤的行为有：（1）利用散发公开信、召开新闻发布会、刊登对比性广告、声明性广告等形式，制造、散布贬损竞争对手商业信誉、商品声誉的虚假事实。（2）在对外经营过程中，向业务客户及消费者散布虚假事实，以贬低竞争对手的商业信誉，诋毁其商品或服务的质量声誉。（3）利用商品的说明书，吹嘘本产品质量上乘，贬低同业竞争对手生产销售的同类产品。（4）唆使他人在公众中造谣并传播、散布竞争对手所售的商品质量有问题，使公众对该商品失去信赖，以便自己的同类产品取而代之。（5）组织人员，以顾客或者消费者的名义，向有关经济监督管理部门作关于竞争对手产品质量低劣、服务质量差、侵害消费者权益等情况的虚假投诉，从而达到贬损其商业信誉的目的。（6）诋毁性对比广告。

4. 答案：A

解析：反垄断法在美国被称为"反托拉斯法"。

5. 答案：C

解析：知名商品特有的名称、包装、装潢是指商品的名称、包装、装潢不为相关商品所通用，并具有显著的区别商品来源的名称，为识别商品以及方便携带、储运而使用在商品上的包装。

6. 答案：A

解析：我国反垄断法的立法目的：（1）预防和制止垄断行为。（2）保护市场公平竞争，提高经济运行效率。（3）维护消费者利益。（4）维护社会公共利益，促进社会主义市场经济健康发展。

7. 答案：C

解析：虚假宣传行为，是指经营者利用报刊、影视等宣传媒体或其他方法，对商品的质量、性能、用途、价格等或对服务的质量、方式等作出与事实不相符合的宣传，造成公众误解的行为。由此概念可知，虚假宣传行为的主体是经营者。以明显的夸张方式宣传商品，不足以造成相关公众误解的，不属于引人误解的虚假宣传行为。虚假宣传行为所涉"相关公众"指一般消费者或受广告影响的一般受众。综上，选项A、B、D错误，故应选C。

8. 答案：C

解析：商业秘密是指不为公众所知悉、能为权利人带来经济利益、具有实用性并经权利人采取保密措施的技术信息和经营信息。

9. 答案：D

解析：商业贿赂的行贿主体是经营者，受贿主体是作为交易相对人的经营者或其他对交易具有影响力的有关人员。被勒索、被胁迫而不得不给予交易对方财物者，主观上不具有商业贿赂性质。回扣是商业贿赂。折扣不属于商业贿赂。

10. 答案：B

解析：假冒混同行为包括：假冒他人注册商标的行为和仿冒知名商品的行为。

11. 答案：C

解析：乙公司在不知情的情况下得到该所有权，所以不能认定为侵犯商业秘密。

12. 答案：D

解析：不正当有奖销售行为包括以下三种类型：（1）欺骗性有奖销售。我国《反不正当竞争法》第10条规定，经营者进行有奖销售不得"采用谎称有奖或者故意让内定人员中奖的欺骗方式进行有奖销售"。（2）利用有奖销售推销质次价高的商品。（3）巨额奖品的有奖销售。所谓巨奖，是指抽奖的奖品、奖券超过法律规定的允许设奖的金额限度。我国《反不正当竞争法》规定，抽奖式的有奖销售，最高奖的金额不得超过5 000元。

13. 答案：D

解析：引人误解的广告宣传行为是宣传者故意混淆含义，省略词句或模糊语义，使消费者在接受宣传信息时产生误解，从而影响消费者的购买决策的行为。经营者具有下列行为之一，足以造成相关公众误解的，可以认定为引人误解的虚假宣传行为：（1）对商品作片面的宣传或者对比的。（2）将科学上未定论的观点、现象等当作定论的事实用于商品宣传的。（3）以歧义性语言或者其他引人误解的方式进行商品宣传的。

二、主观题

1. 答：（1）商业贿赂的行贿主体是经营者，受贿主体为作为交易相对人的经营者或其他对交易具有影响力的有关人员。

（2）主观上，行贿者的目的是借用商业贿赂手段促成交易或在交易中排挤同业竞争者，取得竞争优势。

（3）商业贿赂是以不正当方式进行的行为。

（4）商业贿赂行为具有违法性。

2. 答：不正当竞争行为泛指经营者为了获得市场竞争优势，违反公认的商业习俗和道德，采用欺诈、混淆等经营手段排挤或破坏竞争，扰乱市场经济秩序，并损害其他经营者和消费者合法权益的竞争行为。

不正当竞争行为的特征如下：

（1）不正当竞争行为是一种竞争行为。

（2）不正当竞争行为的主体为实施违法竞争行为的经营者。

（3）经营者实施了不正当竞争行为。

（4）不正当竞争行为具有社会危害性。

3. 答：（1）经济性垄断的概念：经济性垄断是指市场主体通过自身的力量设置市场进入障碍而形成的垄断。

（2）经济性垄断的主要形式：①垄断协议。②滥用市场支配地位。③经营者集中。

恭喜你完成了本章的学习，全书章节进度已完成6/10。耕耘者最信得过自己的汗水，每一滴都孕育着一颗希望的种子。在此，请记录下你的学习心得吧。

第七章　产品质量法

产品质量法是现代经济法的重要组成部分，在市场规制法中居于重要地位。通过本章的学习，你应该：了解产品质量监督管理的相关制度；重点学习和掌握产品的概念、产品瑕疵与缺陷的认定、生产者与销售者的产品质量义务以及产品责任的承担。本章重要程度为★★，考题多以选择题、简答题的形式出现。考生在复习时，要反复记忆知识点中的划线部分，并充分利用书中"小笔记"部分进行书写，确保熟记于心，自如地运用到考试中。

学习目标

通过本章的学习，你将掌握以下知识点：

1. 产品质量法的概念、立法宗旨和适用范围。

2. 产品质量监督管理制度。

3. 产品瑕疵与产品缺陷、产品责任、责任主体及损害赔偿。

4. 生产者、销售者的产品质量义务。

PART 1 本章知识宝图 ✈

本章共3个考点，知识宝图见图7-1。图中对知识点用星标做了重要程度标注，★★★为高频考点，★★为中频考点，★为一般考点，考生可对照知识宝图循序渐进地复习。

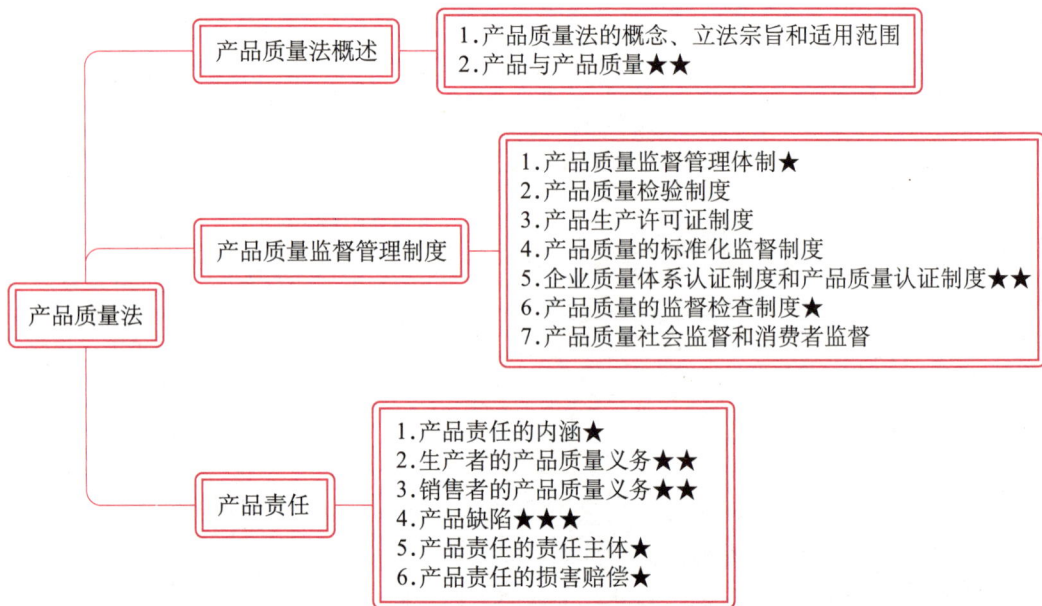

```
                    ┌─ 产品质量法概述 ─┐  1.产品质量法的概念、立法宗旨和适用范围
                    │                  │  2.产品与产品质量★★
                    │
                    │                     1.产品质量监督管理体制★
                    │                     2.产品质量检验制度
                    │  ┌─产品质量监督管理制度─┐ 3.产品生产许可证制度
产品质量法 ─────────┤  │                  │  4.产品质量的标准化监督制度
                    │  │                  │  5.企业质量体系认证制度和产品质量认证制度★★
                    │  │                  │  6.产品质量的监督检查制度★
                    │                     7.产品质量社会监督和消费者监督
                    │
                    │                     1.产品责任的内涵★
                    │                     2.生产者的产品质量义务★★
                    └─ 产品责任 ──────────  3.销售者的产品质量义务★★
                                          4.产品缺陷★★★
                                          5.产品责任的责任主体★
                                          6.产品责任的损害赔偿★
```

图7-1　本章知识宝图

PART 2 名师伴读 🎧

名师伴读，"码"上听课

本视频内容包含我国产品质量法中"产品"的概念、范围与特性。

登录 http://51xcjyw.com/index.do 观看完整内容。

人大芸窗职教学苑名师伴读系列

PART 3 高频考点 ✏

小笔记

▶ **考点24　产品质量法概述**

【★★★一级知识点，常考题型：选择题】

1. 军工企业生产的产品的质量监督管理

军工产品质量监督管理办法，由国务院、中央军事委员会另行制定，但<u>军工企业生产的民用产品</u>，其产品质量监督管理和产品质量义务、责

任，受产品质量法的调整。

2. 产品质量法中的"产品"

我国产品质量法中的"产品"应作如下理解：

（1）经过加工、制作的物质产品。

（2）经过加工、制作的物质产品必须以用于销售为目的。

（3）经过加工、制作用于销售的产品仅限于动产。

3. 产品的范围

产品包括：电力、煤气、食品、药品、烟草、化妆品、农药、建设工程使用的建筑材料、建筑构配件和设备等。

产品不包括：表现为知识产权的精神产品、矿产品、农产品、服务、人体血液、人体组织、建设工程等。

4. 产品的特性

产品的特性包括：产品的**适用性**、产品的**安全性**、产品的**可靠性**、产品的**可维修性**、产品的**经济性**等。

易 考 点

1. 军工企业生产的民用产品，受产品质量法的调整。

2. 我国产品质量法中"产品"的定义。

考点 25　产品质量监督管理制度

【★★二级知识点，常考题型：选择题】

1. 产品质量监督管理制度

产品质量监督管理制度包括：

（1）产品质量监督管理体制。

（2）产品质量检验制度。

（3）产品生产许可证制度。

（4）产品质量的标准化监督制度。

（5）企业质量体系认证制度和产品质量认证制度。

（6）产品质量的监督检查制度。

（7）产品质量社会监督和消费者监督。

2. 产品质量监督管理体制

我国采用的是统一管理与分工管理、层次管理与地域管理相结合的产品质量监督管理体制。在我国，负责管理标准化、计量、质量工作的机构是国家质量监督检验检疫总局（以下简称国家质检总局）。国家质检总局主管全国质量监督工作，地方产品质量监督部门主管本行政区域内的产品质量监督工作。产品质量监督部门负责组织查处生产和流通领域中的产品质量违法行为，工商行政管理部门负责组织查处市场管理和商标管理中发现的经销掺假及冒牌产品等违法行为。上述部门按照各自分工密切配合。对于同一个问题，不得重复检查、重复处理。（备注：以上内容为自考指定教材内容，但国家质量监督检验检疫总局已于2018年3月撤销，其大部分职责并入了新组建的国家市场监督管理总局，下同）

3. 产品质量检验制度

产品质量应当检验合格，不得以不合格产品冒充合格产品。产品或者其包装上的标识，要有产品质量检验合格证明。企业产品质量检验是产品质量的自我检验，具有自主性和合法性的特点。产品出厂时，可由企业自行设置的检验机构检验合格，也可由企业委托有关产品质量检验机构进行检验。

4. 企业质量体系认证制度

企业质量体系认证，是认证机构依据国际通用的质量管理标准，对企业质量体系进行检查和确认，并通过国家颁发证书的形式，证明企业质量管理和质量保证能力符合相应要求的活动。我国企业质量体系认证采取自愿原则。但是，对于认证所依据的技术标准，必须遵守法律的规定，企业无权选择与变更。经认证合格的，由认证机构颁发企业质量体系认证证书。

5. 产品质量认证制度

产品质量认证，是依据产品标准和相应的技术要求，经认证机构确认并通过颁发认证证书和认证标志来证明某产品符合相应标准和相应技术要求的活动。产品质量认证采取自愿原则。产品质量认证不同于企业质量体系认证。

6. 产品质量的监督检查制度

国家对产品质量实行以抽查为主要方式的监督检查制度。

产品质量的抽查，主要有以下几个方面的内容：

（1）抽查的对象。国家对可能危及人体健康和人身、财产安全的产品，影响国计民生的重要工业产品以及消费者、有关组织反映有质量问题的产品进行抽查。如药品、食品、饮用水、天然橡胶等。

（2）抽查的样品。抽查的样品应当在市场上或者企业成品仓库内的待销产品中随机抽取，抽检样品的数量不得超过检验的合理需要。

（3）抽查的机构。监督抽查工作由国务院产品质量监督部门规划和组织。县级以上地方产品质量监督部门在本行政区域内也可以组织监督抽查。

（4）禁止重复抽查的原则。

（5）抽查费用不得向被检查人收取。

生产者、销售者对抽查检验结果有异议的，可以自收到检验结果之日起15日内向实施监督抽查的产品质量监督部门申请复检，由受理复检的产品质量监督部门作出复检结论。

易 考 点

1. 企业质量体系认证制度及产品质量认证制度。

2. 国家对产品质量实行以抽查为主要方式的监督检查制度。

▶ **考点26　产品责任**

【★★★一级知识点，常考题型：选择题、简答题、案例题】

1. 产品责任

产品责任又称产品缺陷责任，是指产品的生产者、销售者因其生产或销售的产品有缺陷，造成消费者、使用者或其他人人身、财产的损害而应承担的一种民事赔偿责任。

2. 产品责任成立的条件【选择题、简答题】

产品责任的成立，须同时具备以下条件：

（1）产品存在质量缺陷。

（2）缺陷在生产或销售环节已经存在。

（3）损害事实客观存在，即已经造成了他人人身或财产上的损害。

（4）产品缺陷是损害发生的原因。

3. 产品质量责任

产品责任不同于产品质量责任。产品质量责任是一种综合责任，既包括因产品缺陷而给他人造成人身、财产损失时，由生产者和销售者根据法律规定应承担的产品责任，还包括违反《合同法》《标准化法》《计量法》以及规范产品质量的其他法规应当承担的责任。产品质量责任包括合同瑕疵担保责任、行政责任和刑事责任。

4. 生产者的产品质量义务

（1）保证产品内在质量的义务。

（2）生产者的产品标识应当符合法律要求。

（3）特定产品的包装质量符合法律要求。

（4）产品生产的禁止性规定。

5. 产品内在质量要求

产品的内在质量应当符合下列要求：

（1）不存在危及人身、财产安全的不合理危险，有保障人体健康和人身、财产安全的国家标准、行业标准的，应当符合该标准。

（2）**具备产品应当具备的使用性能**，但是，对产品存在使用性能瑕疵作出说明的除外。

6. 产品标识方面的要求【选择题、简答题】

产品标识必须真实，并符合下列要求：

（1）有产品质量检验合格证明。

（2）**有中文标明的产品名称、生产厂厂名和厂址**。

（3）根据产品的特点和使用要求，需要标明产品规格、等级、所含主要成分名称和含量的，用中文相应予以标明；需要事先让消费者知晓的，应当在外包装上标明，或者预先向消费者提供有关资料。

（4）**限期使用的产品，应当在显著位置清晰地标明生产日期和安全使用期或者失效日期**。

（5）使用不当，容易造成产品本身损坏或者可能危及人身、财产安全的产品，应当有警示标志或中文警示说明。

7. 对裸装产品的规定

裸装的食品和其他根据产品的特点难以附加标识的**裸装产品，可以不附加产品标识**。

8. 对危险物品等的规定

易碎、易燃、有毒、有腐蚀性、有放射性等危险物品以及在储运中不能倒置和其他有特殊要求的产品，其包装质量必须符合相应要求，依据国家有关规定**作出警示标志或者中文警示说明**，标明储运注意事项。

9. 产品生产的禁止性规定

（1）生产者不得生产国家明令淘汰的产品。

（2）不得伪造产地，不得伪造或者冒用他人的厂名、厂址。

（3）不得伪造或者冒用认证标志等质量标志。

（4）不得掺杂、掺假，不得以假充真、以次充好，不得以不合格产品冒充合格产品。

10. 销售者的产品质量义务【选择题、简答题】

（1）进货检查验收的义务。

（2）保持产品质量的义务。

（3）有关产品标识的义务。

（4）产品销售的禁止性规定。

11. **产品缺陷**【选择题、案例题】

（1）**产品缺陷**是指产品存在危及人身、他人财产安全的**不合理的危险**。

（2）**产品缺陷与产品瑕疵的区别**：【选择题、简答题、论述题】①产品缺陷是指产品存在危及人身与财产安全的不合理危险；产品瑕疵是指产品不具备良好的特性，不符合明示的产品标准，或者不符合产品说明、实物样品等方式表明的质量状况，但不存在危及人身、财产安全的不合理的危险。②缺陷产品属于禁止流通产品，不得交易；瑕疵产品，因其尚未丧失产品原有的使用价值，消费者可在知悉瑕疵实情的前提下自行决定是否接受。③产品缺陷责任是一种特殊侵权责任，有权主张产品缺陷责任的主体是因产品缺陷遭受人身或财产损害的被侵权人，包括产品的购买者、使用者和其他因此受到损害的第三人。产品瑕疵责任是一种合同责任，主张该责任必须以当事人之间存在合同关系为前提。④产品缺陷责任的承担方式多样，因产品缺陷给被侵权人造成损失的，被侵权人除有权要求损害赔偿外，还有权要求生产者、销售者承担排除妨碍、消除危险、停止侵害、恢复原状等责任；产品瑕疵责任则由销售者依照法律规定或者合同约定，负责修理、更换、退货以及赔偿损失。⑤**因产品缺陷造成损害要求赔偿的，诉讼时效期间为2年**，自当事人知道或者应当知道其权益受到损害时起计算；产品瑕疵责任的诉讼时效期间为1年。

上述产品缺陷与产品瑕疵的区别如表7-1所示。

表7-1　产品缺陷与产品瑕疵的区别

区别	产品缺陷	产品瑕疵
1	有危及人身与财产安全的不合理危险	质量状况不佳，但不存在危及人身、财产安全的危险
2	属于禁止流通产品	尚未丧失产品原有使用价值，消费者可自行决定是否接受
3	特殊侵权责任	合同责任
4	责任承担方式多样	依法律或合同约定，负责修理、更换、退货以及赔偿损失
5	诉讼时效期间为2年	诉讼时效期间为1年

（3）**产品缺陷的类型**：①制造缺陷。②设计缺陷。③警示缺陷（表现形式有：警示时间不当、警示内容不当、警示方法不当）。

12. **产品责任的责任主体**

（1）生产者。

因产品存在缺陷造成人身、缺陷产品以外的其他财产损害的，生产者应当承担赔偿责任。

生产者能够证明有下列情形之一的，不承担赔偿责任（生产者的免责事由）：①未将产品投入流通的。例如，擅自使用尚处于产品研发、试验阶段的电动椅，因椅子漏电导致使用者死亡的，死者家属不能因此主张生产者的产品责任。②产品投入流通时，引起损害的缺陷尚不存在的。③将产品投入流通时的科学技术水平尚不能发现缺陷的存在的。

（2）销售者。

由于销售者的过错使产品存在缺陷，造成人身、他人财产损害的，销售者应当承担赔偿责任。销售者不能指明缺陷产品的生产者，也不能指明缺陷产品的供货者的，销售者应当承担赔偿责任。

因产品存在缺陷造成人身、他人财产损害的，被侵权人可以向产品的生产者要求赔偿，也可以向产品的销售者要求赔偿。属于产品的生产者的责任，产品的销售者赔偿的，产品的销售者有权向产品的生产者追偿。属于产品的销售者的责任，产品的生产者赔偿的，产品的生产者有权向产品的销售者追偿。

（3）连带责任人。

连带责任人包括产品质量认证机构、社会团体、社会中介机构、广告主等。

13. **产品责任的损害赔偿类型**【选择题、简答题】

（1）人身损害赔偿。

（2）财产损害赔偿。

（3）精神损害赔偿。

（4）惩罚性赔偿。

14. **人身损害赔偿**【案例题】

因产品存在缺陷造成受害人人身伤害的，侵害人应当赔偿医疗费、治疗期间的护理费、交通费等为治疗和康复支出的合理费用，以及因误工减少的收入。造成残疾的，还应当赔偿残疾生活辅助具费和残疾赔偿金。造成受害人死亡的，还应当赔偿丧葬费和死亡赔偿金。

15. **财产损害赔偿**【案例题】

因产品存在缺陷造成受害人财产损失的，侵害人应当恢复原状或者折价赔偿。财产损失按照损失发生时的市场价格或其他方式计算。被侵权人的损失难以确定，侵权人因此获得利益的，按照侵权人获得的利益赔偿；

侵权人因此获得的利益也难以确定，被侵权人和侵权人就赔偿数额协商不一致，向人民法院提起诉讼的，由人民法院根据实际情况确定赔偿数额。

小笔记

易考点

1. 产品责任成立的条件。
2. 产品缺陷与产品瑕疵。
3. 产品责任的责任主体。

PART 4 难点回顾

🔍 产品的认定。

🔍 产品责任的概念和构成要件、产品责任与产品质量责任的关系。

🔍 生产者的产品质量义务的遵守与违反。

🔍 销售者的产品质量义务的遵守与违反。

🔍 产品瑕疵与产品缺陷的认定。

🔍 生产者、销售者产品责任的承担。

🔍 产品责任损害赔偿的实现。

过考百科

为了加强对产品质量的监督管理，提高产品质量水平，明确产品质量责任，保护消费者的合法权益，维护社会经济秩序，1993 年 2 月 22 日第七届全国人民代表大会常务委员会第三十次会议通过了《中华人民共和国产品质量法》。该法自 1993 年 9 月 1 日起施行。2018 年 12 月 29 日，第十三届全国人民代表大会常务委员会第七次会议第三次修正该法。

PART 5 真题演练

一、单选题

1.△【2010 年 10 月】下列各项中，属于产品质量法所调整的产品是(   )。

A. 军工企业生产的民用产品   B. 建设工程

C. 刚从地里刨出的土豆   D. 从鱼塘里打捞出的野生鱼

2.【2011 年 10 月】下列关于经营者产品质量义务的判断，正确的是(   )。

A. 生产者不具有保证产品适用性的义务

B. 销售者进货时，应当验明产品合格证明和其他标识

C. 销售者销售产品时，可以根据销售情况更改生产者标注的合格产品标识

D. 生产者不得运输有放射性的危险物品

3. △【2011年1月】下列产品中，没有产品缺陷的是（　　）。

A. 不符合国家安全标准的儿童用铅笔　　　B. 刹车装置存在隐患的轿车

C. 有警示缺陷的儿童玩具　　　　　　　　D. 正确使用不可能割破手指的水果刀

4.【2011年10月】因产品的缺陷造成损害，要求赔偿的诉讼时效期间是（　　）。

A. 6个月　　　　　　　B. 1年　　　　　　　C. 2年　　　　　　　D. 3年

5.【2011年10月】下列关于产品质量抽查的表述，符合法律规定的是（　　）。

A. 抽查的对象只能是可能危及人体健康和人身、财产安全的产品

B. 某县产品质量监督部门可以在该县所辖乡组织抽查

C. 国家监督抽查的产品，地方认为有必要可以再次抽查

D. 生产者对抽查结果有异议的，可以自收到抽查结果之日起30日内申请复检

6. △【2012年1月】下列关于销售者和生产者承担产品责任的判断，正确的是（　　）。

A. 只有销售者故意致使产品存在缺陷才承担赔偿责任

B. 因产品存在缺陷造成人身损害或财产损失的，只有产品购买者才有权要求赔偿

C. 属于产品销售者责任的，生产者可以拒绝受害者向其提出的索赔要求

D. 销售者不能指明缺陷产品的生产者，也不能指明缺陷产品供货者的，销售者应当承担赔偿责任

7. △【2012年1月】我国《产品质量法》规定的产品不包括（　　）。

A. 电冰箱　　　　　　　　　　　　　　　B. 汽车

C. 公寓楼房　　　　　　　　　　　　　　D. 赠送给消费者的润肤露

易 错 题

第1题、第3题、第6题、第7题为易错题，考生需要牢牢掌握知识点，考试时认真审题，避免作答失误。

△表示该题所涉及知识点为高频考点。

二、主观题

1. 我国产品质量法对生产者的产品标识有哪些要求？

2. 产品缺陷与产品瑕疵的区别有哪些？

3. 简述产品责任的构成条件。

PART 6 答案解析 🛠

一、单选题

1. 答案：A

解析：我国产品质量法中的"产品"应作如下理解：①经过加工、制作的物质产品。②经过加工、制作的物质产品必须以用于销售为目的。③经过加工、制作用于销售的产品仅限于动产。

2. 答案：B

解析：产品经营者包括产品生产者和销售者。

（1）生产者的产品质量义务包括：①生产者保证产品内在质量的义务。②生产者的产品标识应当符合法律要求。③特定产品的包装质量符合法律要求。易碎、易燃、有毒、有腐蚀性、有放射性等危险物品以及在储运中不能倒置和其他有特殊要求的产品，其包装质量必须符合相应要求，依据国家有关规定作出警示标志或者中文警示说明，标明储运注意事项。④产品生产的禁止性规定。

（2）销售者的产品质量义务包括：①进货检查验收的义务。②保持产品质量的义务。③有关产品标识的义务。④产品销售的禁止性规定。

综上可知，选项 A、C、D 均不正确，应选 B 选项。

3. 答案：D

解析：产品缺陷是指产品存在危及人身、他人财产安全的不合理的危险。产品有保障人体健康和人身、财产安全的国家标准、行业标准的，应当符合该标准。选项 A、B、C 都存在不合理的危险，所以不正确。

4. 答案：C

解析：因产品缺陷造成损害要求赔偿的诉讼时效期间为 2 年，自当事人知道或者应当知道其权益受到损害时起计算；产品瑕疵责任适用《民法通则》第 136 条的规定，诉讼时效期间为 1 年。

5. 答案：B

解析：A 选项错误。产品质量抽查的对象既可能是危及人体健康和人身、财产安全的产品，也可能是影响国计民生的重要工业产品以及消费者、有关组织反映有质量问题的产品，如药品、食品、饮用水、天然橡胶等。

B 选项正确。监督抽查工作由国务院产品质量监督部门规划和组织。县级以上地方产品质量监督部门在本行政区域内也可以组织监督抽查。

C 选项错误。产品质量抽查具有"禁止重复抽查"的原则。国家监督抽查的产品，地方不得另行重复抽查；上级监督抽查的产品，下级不得另行重复抽查。

D 选项错误。生产者、销售者对抽查检验结果有异议的，可以自收到检验结果之日起

15 日内向实施监督抽查的产品质量监督部门申请复检，由受理复检的产品质量监督部门作出复检结论。

6. 答案：D

解析：因产品存在缺陷造成人身、缺陷产品以外的其他财产损害的，生产者应当承担赔偿责任；由于销售者的过错使产品存在缺陷，造成人身、他人财产损害的，销售者应当承担赔偿责任。销售者不能指明缺陷产品的生产者，也不能指明缺陷产品的供货者的，销售者应当承担赔偿责任。

7. 答案：C

解析：我国产品质量法中的"产品"应作如下理解：①经过加工、制作的物质产品。②经过加工、制作的物质产品必须以用于销售为目的。③经过加工、制作用于销售的产品仅限于动产。C 选项属于不动产，故不属于我国《产品质量法》规定的产品。

二、主观题

1. 答：我国产品质量法对生产者的产品标识的要求如下：

(1) 有产品质量检验合格证明。

(2) 有中文标明的产品名称、生产厂厂名和厂址。

(3) 根据产品特点和使用要求，需要标明产品规格等内容的，应当用中文予以标明。

(4) 限期使用的产品，应当在显著位置标明生产日期、安全使用日期或失效日期。

(5) 使用不当容易造成危险的产品，应当有警示标志或中文警示说明。

2. 答：(1) 产品缺陷是指产品存在危及人身、他人财产安全的不合理的危险；产品瑕疵则是指产品不具备良好的特性，不符合明示的产品标准，或者不符合产品说明、实物样品等方式表明的质量状况，但不存在危及人身、财产安全的不合理的危险。

(2) 缺陷产品属于禁止流通产品，不得交易；瑕疵产品因其尚未丧失产品原有的使用价值，消费者可在知悉瑕疵实情的前提下自行决定是否接受。

(3) 产品缺陷责任是一种特殊侵权责任；产品瑕疵责任是一种合同责任。

(4) 产品缺陷责任的承担方式比产品瑕疵责任的承担方式多。

(5) 产品缺陷的诉讼时效期间为 2 年；产品瑕疵的诉讼时效期间为 1 年。

3. 答：产品责任的成立，须同时具备以下条件：

(1) 产品存在质量缺陷。

(2) 缺陷在生产或销售环节已经存在。

(3) 损害事实客观存在，即已经造成了他人人身或财产上的损害。

(4) 产品缺陷是损害发生的原因。

恭喜你完成了本章的学习，全书章节进度已完成7/10。生命力的意义在于拼搏，因为世界本身就是一个竞技场。在此，请记录下你的学习心得吧。

第八章　消费者权益保护法

备考指南

　　消费者是社会主义市场经济的基本主体，消费者权益保护法是经济法的重要内容。通过本章的学习，你应该：了解消费者权益保护法的概念、原则、适用范围；消费者权益的国家、社会与国际保护。本章重要程度为★★，考题多以选择题、简答题、案例题的形式出现。考生在复习时，要反复记忆知识点中的划线部分，并充分利用书中"小笔记"部分进行书写，确保熟记于心，自如地运用到考试中。

学习目标

通过本章的学习，你将掌握以下知识点：

1. 消费者的概念、有关消费者身份的判断。

2. 消费者权利的类型与内涵。

3. 经营者的义务。

4. 消费者权益争议的解决途径和责任承担。

PART 1　本章知识宝图 ✏

本章共 4 个考点，知识宝图见图 8-1。图中对知识点用星标做了重要程度标注，★★★ 为高频考点，★★ 为中频考点，★ 为一般考点，考生可对照知识宝图循序渐进地复习。

图 8-1　本章知识宝图

PART 2　名师伴读 🎧

名师伴读，"码"上听课

本视频内容包含经营者的义务等。

登录 http://51xcjyw.com/index.do 观看完整内容。

人大芸窗职教学苑名师伴读系列

PART 3　高频考点 📏

▶ 考点 27　消费者权益保护法概述

【★★二级知识点，常考题型：选择题、简答题、案例题】

1. 消费者的概念【选择题、案例题】

消费者是消费者权益保护法的最重要的主体。

消费者的含义应作如下理解：

（1）消费者是指购买商品或者接受服务的人。

（2）消费者购买商品或者接受服务时不得以营利为目的，主要是用于个人与家庭的消费。

（3）消费者是指购买商品或者接受服务的个人。

2. 我国消费者权益保护法的原则【简答题】

（1）依法交易的原则。经营者应当依法提供商品或服务的原则；经营

小笔记

者与消费者进行交易应当遵循自愿、平等、公平、诚实信用的原则。

（2）国家对处于弱者地位的消费者给予特别保护的原则。

（3）全社会保护原则。

3. 消费者权益的国家保护

（1）立法保护。

（2）行政保护。

（3）司法保护。

4. 消费者权益的社会保护

（1）舆论监督。

（2）消费者组织。

5. 消费者协会的职责

消费者协会履行下列公益性职责：

（1）向消费者提供消费信息和咨询服务，提高消费者维护自身合法权益的能力，引导文明、健康、节约资源和保护环境的消费方式。

（2）参与制定有关消费者权益的法律、法规、规章和强制性标准。

（3）参与有关行政部门对商品和服务的监督、检查。

（4）就有关消费者合法权益的问题，向有关部门反映、查询，提出建议。

（5）受理消费者的投诉，并对投诉事项进行调查、调解。

（6）投诉事项涉及商品和服务质量问题的，可以委托具备资格的鉴定人鉴定。

（7）就损害消费者合法权益的行为，支持受损害的消费者提起诉讼或者依照《消费者权益保护法》提起诉讼。

（8）对损害消费者合法权益的行为，通过大众传播媒介予以揭露、批评。

（易）（考）（点）

1.《消费者权益保护法》中消费者的含义。

2. 消费者协会的职责。

考点 28　消费者的权利

【★★二级知识点，常考题型：选择题、简答题】

1. 国际消费者联盟提出的消费者的权利

1985 年联合国大会通过的《保护消费者准则》中，国际消费者联盟提出了消费者的八项权利：

（1）得到必需的物质和服务借以生存的权利。

（2）享有公平的价格待遇和选择的权利。

（3）安全保障权。

（4）获得足够资料的权利。

（5）寻求咨询的权利。

（6）获得公平赔偿和法律帮助的权利。

（7）获得消费者教育的权利。

（8）享有健康环境的权利。

2. 我国消费者权益保护法规定的消费者权利【选择题、简答题】

（1）保障安全权。

（2）知悉真情权。

（3）自主选择权。

（4）公平交易权。

（5）依法求偿权。

（6）依法结社权。

（7）获取知识权。

（8）人格尊严受尊重权与个人信息受保护权。

（9）监督批评权。

3. 保障安全权

保障安全权是指消费者在购买、使用商品和接受服务时所享有的人身、财产安全不受损害的权利。它是消费者的核心权利，是消费者享有其他权利的前提和基础，具体包括人身安全权和财产安全权。

消费者在整个消费过程中都享有保障安全权。这就要求：

（1）经营者提供的商品或服务必须具有合理的安全性，不存在危及人体健康及人身、财产安全的不合理的危险。

（2）经营者提供的消费场所应具有必要的安全保障，使消费者能够在安全的环境中选购商品或接受服务。

4. 自主选择权

自主选择权是指消费者享有的自主选择商品或者服务的权利。该权利包括以下几个方面：

（1）自主选择提供商品或服务的经营者的权利。

（2）自主选择商品品种或者服务方式的权利。

（3）自主选择购买或者不购买任何一种商品、接受或者不接受任何一项服务的权利。

（4）消费者在自主选择商品或者服务时，有权进行比较、鉴别和挑选。

5. 监督批评权

监督批评权是为了加强消费者的自我保护能力而设定的权利。它包括以下两个方面的内容：

（1）消费者有权对经营者提供商品和服务的全过程进行监督，有权检举、控告其侵害消费者权益的行为。

（2）消费者有权检举、控告国家机关及其工作人员在保护消费者权益工作中的违法失职行为，有权对保护消费者权益工作提出批评、建议。

易 考 点

1. 我国《消费者权益保护法》规定的9项消费者权利。

2. 保障安全权是指消费者在购买、使用商品和接受服务时所享有的人身、财产安全不受损害的权利。

考点29 经营者的义务

【★★★一级知识点，常考题型：选择题、简答题】

1. 经营者的义务

（1）依法定或约定提供商品或者服务的义务。

（2）接受消费者监督的义务。

（3）安全保障的义务。

（4）缺陷产品召回的义务。

（5）提供真实信息的义务。

（6）标明真实名称和标记的义务。

（7）出具购货凭证或者服务单据的义务。

（8）保证商品或服务质量符合要求的义务。

（9）履行7日内退货的义务。

（10）格式条款的提示、说明义务。

（11）公平交易的义务。

（12）尊重消费者人格权的义务。

（13）重要信息披露义务。

（14）消费者个人信息保护义务。

小笔记

2. 缺陷产品的召回形式

（1）经营者的自主召回，即缺陷产品的生产商、销售商、进口商在得知其生产、销售或进口的产品存在危及人身、他人财产安全的不合理危险时，依法向职能部门报告，及时通知消费者，设法从市场上、消费者手中收回缺陷产品，并采取停止销售、警示、召回、无害化处理、销毁、停止生产或者服务等措施。

（2）行政执法部门责令经营者召回缺陷产品。

3. 提供真实信息的内容

（1）经营者向消费者提供有关商品或者服务的质量、性能、用途、有效期限等信息，应当真实、全面，不得作虚假或者引人误解的宣传。

（2）经营者对消费者就其提供的商品或者服务的质量和使用方法等问题提出的询问，应当作出真实、明确的答复。

（3）经营者提供商品或者服务应当明码标价。

4. 有理由 7 日内退货的条件

（1）线下交易环境下成立的买卖合同。

（2）经营者提供的商品或者服务不符合质量要求，即履行质量有瑕疵。

（3）对该履行质量瑕疵责任的承担，没有国家规定和当事人的约定。

5. 无理由 7 日内退货制度【简答题】

满足以下条件时，消费者有权自收到商品之日起 7 日内退货，且无须说明理由：

（1）线上交易环境下成立的买卖合同。

（2）消费者所购买的商品适宜退货处理。

（3）退货的商品应当完好。

6. 不适用 7 日内退货制度的商品【简答题】

（1）消费者定作的。

（2）鲜活易腐的。

（3）在线下载或者消费者拆封的音像制品、计算机软件等数字化商品。

（4）交付的报纸、期刊。

此外，对于其他根据商品性质并经消费者在购买时确认不宜退货的商品，也不适用无理由 7 日内退货制度。

7. 公平交易义务

经营者不得以格式条款、通知、声明、店堂告示等方式，作出排除或者限制消费者权利、减轻或者免除经营者责任、加重消费者责任等对消费者不公平、不合理的规定，不得利用格式条款并借助技术手段强制交易。如网络服务商利用技术手段对合同格式条款设置不方便链接或者隐藏格式条款内容强制消费者进行交易。格式条款、通知、声明、店堂告示等含有上述所列内容的，其内容无效。

8. 重要信息披露义务【简答题】

采用网络、电视、电话、邮购等线上交易方式提供商品或者服务的经营者，以及提供证券、保险、银行等金融服务的经营者，应当向消费者披露与合同的订立和履行、消费者安全保障及权益维护等有关的重要信息，包括但不限于：经营地址、联系方式、商品或者服务的数量和质量、价款或者费用、履行期限和方式、安全注意事项和风险警示、售后服务、民事责任等信息。

9. 消费者个人信息保护义务【简答题】

（1）经营者收集、使用消费者个人信息，应当遵循合法、正当、必要的原则，明示收集、使用信息的目的、方式和范围，并经消费者同意。

（2）经营者收集、使用消费者个人信息，应当公开其收集、使用规则，不得违反法律、法规的规定和双方的约定收集、使用信息。

（3）经营者及其工作人员对收集的消费者个人信息必须严格保密，不得泄露、出售或者非法向他人提供。经营者应当采取技术措施和其他必要措施，确保信息安全，防止消费者个人信息泄露、丢失。在发生或者可能发生信息泄露、丢失的情况时，应当立即采取补救措施。

（4）经营者未经消费者同意或者请求，或者消费者明确表示拒绝的，不得向其发送商业性信息。

易 考 点

1. 有理由 7 日内退货的条件。
2. 无理由 7 日内退货的条件。
3. 不适用 7 日内退货制度的情形。

▶ 考点 30　消费者权益争议的解决途径和责任承担

【★★★一级知识点，常考题型：选择题、简答题、案例题】

1. 消费者权益争议的解决途径【选择题、简答题】

（1）与经营者协商和解。

（2）请求消费者协会或依法成立的其他调解组织调解。

（3）向有关行政部门申诉。

（4）提请仲裁机构仲裁。

（5）向人民法院提起诉讼。

（6）由消费者协会提起公益诉讼。

2. 消费者权益损害的赔偿责任主体（7个）

（1）**生产者与销售者。消费者在购买、使用商品时，其合法权益受到损害的，可以向销售者要求赔偿**。销售者赔偿后，属于生产者的责任或者属于向销售者提供商品的其他销售者的责任的，销售者有权向生产者或者其他销售者追偿。**消费者或者其他受害人因商品缺陷造成人身、财产损害的，可以向销售者要求赔偿，也可以向生产者要求赔偿**。属于生产者责任的，销售者赔偿后，有权向生产者追偿；属于销售者责任的，生产者赔偿后，有权向销售者追偿。

（2）**展销会举办者与柜台出租者。消费者在展销会、租赁柜台购买商品或者接受服务，其合法权益受到损害的，可以向销售者或者服务者要求赔偿**。展销会结束或者柜台租赁期满后，也可以向展销会的举办者、柜台的出租者要求赔偿。展销会的举办者、柜台的出租者赔偿后，有权向销售者或者服务者追偿。

（3）**承受原企业权利义务的企业。**消费者在购买、使用商品或者接受服务时，其合法权益受到损害，因原企业分立、合并的，可以向变更后承受其权利义务的企业要求赔偿。

（4）**营业执照的持有人与使用人。**

（5）**网络交易平台。**

（6）**虚假广告的经营者与发布者。**消费者因经营者利用虚假广告或者其他虚假宣传方式提供商品或者服务，其合法权益受到损害的，可以向经营者要求赔偿。广告经营者、发布者发布虚假广告的，消费者可以请求行政主管部门予以惩处。广告经营者、发布者不能提供经营者的真实名称、地址和有效联系方式的，应当承担赔偿责任。广告经营者、发布者设计、制作、发布关系消费者生命健康的商品或者服务的虚假广告，造成消费者损害的，应当与提供该商品或者服务的经营者一起承担连带责任。

（7）**虚假广告产品的代言人。**关系消费者生命健康的商品或者服务的虚假广告，造成消费者损害的，其广告代言人应当与广告主、广告经营者、广告发布者一起承担连带责任。

其他商品或者服务的虚假广告造成消费者损害的，其广告经营者、广

小笔记

告发布者、广告代言人，明知或者应知广告虚假仍设计、制作、代理、发布或者作推荐、证明的，应当与广告主一起承担连带责任。

3. 损害赔偿的范围

（1）补偿性损害赔偿：①财产损害。②人身损害。③精神损害。

（2）惩罚性损害赔偿：经营者提供商品或者服务有欺诈行为的，应当按照消费者的要求增加赔偿其受到的损失，增加赔偿的金额为消费者购买商品的价款或者接受服务的费用的 3 倍；增加赔偿的金额不足 500 元的，为 500 元。法律另有规定的，依照其规定。

易　考　点

1. 消费者权益争议的解决途径。（6 个）

2. 消费者权益损害的赔偿责任主体。（7 个）

3. 补偿性损害赔偿：①财产损害。②人身损害。③精神损害。

PART 4　难点回顾

🔍 有关消费者身份的判断。

🔍 经营者的义务。

🔍 消费者权益受损害时的责任承担主体、损害赔偿的范围、惩罚性损害赔偿。

过考百科

　　消费者权益保护法是调整在保护公民消费权益过程中所产生的社会关系的法律规范的总称，一般是指于 1993 年 10 月 31 日颁布、1994 年 1 月 1 日起施行的《中华人民共和国消费者权益保护法》。该法的颁布实施也是我国第一次以立法的形式全面确认消费者的权利。2013 年 10 月 25 日，第十二届全国人民代表大会常务委员会第五次会议上通过了《关于修改〈中华人民共和国消费者权益保护法〉的决定》，这是该法的第二次修正，2014 年 3 月 15 日起施行。

PART 5　真题演练

一、单选题

1.△【2010 年 10 月】根据我国消费者权益保护法的规定，消费者购买商品或接受服务时享有的权利不包括（　　）。

A. 自主选择购买某一品牌的冰箱

B. 选择接受甲、乙、丙、丁等若干经营者的服务

C. 询问提供餐饮服务的服务员是否具有健康证明

D. 只要对购买的产品不满意，就可以退换产品

2. △【2010 年 10 月】根据我国消费者权益保护法的规定，下列属于消费者协会职能的一项是(   )。

A. 支持受损害的消费者提起诉讼

B. 对投诉事项进行调查、裁决

C. 对涉及商品和服务质量问题的投诉事项进行鉴定

D. 向经营者提供有偿咨询服务

3. △【2011 年 1 月】消费者王某在甲公司举办的展览会上购买了乙公司生产、丙公司销售的一套茶具，丙公司销售产品的柜台由丁公司出租，王某购买后第二天发现茶壶有裂纹。根据我国《消费者权益保护法》的规定，下列不属于王某索赔对象的是(   )。

A. 甲公司　　　　B. 乙公司　　　　C. 丙公司　　　　D. 丁公司

4. 根据我国《消费者权益保护法》的规定，下列属于消费者的是(   )。

A. 购买生产资料的甲有限责任公司

B. 免费品尝果汁饮料的乙先生

C. 以投资为目的购买黄金的丙女士

D. 为发放单位年终福利购买大米的丁经理

5. 【2011 年 10 月】消费者的权利不包括(   )。

A. 获得尊重权　　　　　　　　　B. 公平交易权

C. 索赔权　　　　　　　　　　　D. 开业权

6. 【2012 年 10 月】根据消费者权益保护法的相关规定，以下表述不正确的是(   )。

A. 消费者享有依法结社权

B. 消费者有权对经营者提供的商品和服务的过程进行监督

C. 经营者承担对消费者的安全保障义务

D. 与经营者协商和解是解决纠纷的途径之一

7. 【2013 年 1 月】依照消费者权益保护法的规定，消费者因购买、使用商品或接受服务，合法权益受到损害时，法律规定可以承担责任的主体不包括(   )。

A. 生产者　　　　　　　　　　　B. 销售者

C. 营业执照的核发者　　　　　　D. 广告经营者

8. 【2013 年 10 月】根据消费者权益保护法的规定，经营者提供商品或者服务时有欺诈行为的，应当按照消费者要求增加赔偿损失，增加赔偿的金额为消费者购买商品的价款或者接受服务的费用的(   )。

A. 1 倍　　　　　　　　B. 2 倍　　　　　　　　C. 3 倍　　　　　　　　D. 4 倍

9.【2014 年 4 月】以下关于经营者义务的表述，正确的是(　　)。

A. 经营者不承担接受消费者监督的义务

B. 经营者承担保证服务符合国际标准的义务

C. 缺陷产品一经售出，经营者对消费者的义务即终止

D. 经营者承担标明真实标记的义务

10.△【2014 年 4 月】以下属于《消费者权益保护法》保护的消费者是(　　)。

A. 购买办公家具的甲企业

B. 接受保洁服务的乙国家机关

C. 购买一件羽绒服的自然人丙

D. 购买一台计算机用于经营管理的个体工商户丁

11.△【2014 年 4 月】下列关于消费者监督批评权的表述，正确的是(　　)。

A. 监督批评权又称知情权

B. 设定该权利的目的是加强消费者的自我保护能力

C. 消费者获得尊重是该权利的内容之一

D. 消费者获得赔偿是该权利的内容之一

12.△【2015 年 4 月】下列情形中的当事人，属于消费者的是(　　)。

A. 周某购买了一台吸尘器供自家使用

B. 甲企业购买办公家具供企业办公使用

C. 郑某购买一辆汽车从事客运经营

D. 某商场购买一次性纸杯供顾客品尝果汁

13.【2015 年 4 月】消费者有权获得质量保障、价格合理、计量正确的交易条件，这属于消费者的(　　)。

A. 保障安全权

B. 公平交易权

C. 自主选择权

D. 知悉真情权

14.【2015 年 10 月】根据我国消费者权益保护法的规定，下列不属于消费者权益争议解决途径的是(　　)。

A. 与经营者协商

B. 请求消费者协会调解

C. 请求公安局调解

D. 向人民法院起诉

易 错 题

第 3 题、第 4 题、第 12 题为易错题，考生需要牢牢掌握知识点，考试时认真审题，避免作答失误。

△表示该题所涉及知识点为高频考点。

二、主观题

1. 简述消费者权益争议的解决途径。
2. 简述我国消费者权益保护法的原则。
3. 简述经营者对消费者个人信息的保护义务。

PART 6 答案解析 🔧

一、单选题

1. 答案：D

解析：我国消费者权益保护法规定的消费者的权利包括：保障安全权、知悉真情权、自主选择权、公平交易权、依法求偿权、依法结社权、获取知识权、人格尊严受尊重权和个人信息受保护权、监督批评权。故不包括 D 选项。

2. 答案：A

解析：这题是考查消费者协会的职能。

B 不正确，因为消费者协会没有裁决的权力，这是行政机构所有的权力。

C 不正确，因为消费者协会也没有这个权力，这也是行政机构所有的权力。

D 不正确，因为消费者协会向消费者提供无偿咨询服务。

3. 答案：B

解析：消费者在展销会、租赁柜台购买商品或者接受服务，其合法权益受到损害的，可以向销售者或者服务者要求赔偿。展销会结束或者柜台租赁期满后，也可以向展销会的举办者、柜台的出租者要求赔偿。展销会的举办者、柜台的出租者赔偿后，有权向销售者或者服务者追偿。消费者或者其他受害人因商品缺陷造成人身、财产损害的，可以向销售者要求赔偿，也可以向生产者要求赔偿。在此题中，消费者王某购买的茶壶有裂纹，并非存在商品缺陷，故生产者乙公司不属于王某索赔的对象。

4. 答案：B

解析：消费者是指为生活消费需要而购买、使用商品或者接受服务的个人。消费者应满足以下三点：①消费者是指购买商品或者接受服务的人。②消费者购买商品或者接受服务时不得以营利为目的；③消费者是指购买商品或者接受服务的个人，不包括单位。选项

A、D 不满足第③条，选项 C 不满足第②条，故应选 B。

5. 答案：D

解析：消费者的权利包括：保障安全权、知悉真情权、自主选择权、公平交易权、依法求偿权、依法结社权、获取知识权、人格尊严受尊重权和个人信息受保护权、监督批评权。

6. 答案：B

解析：我国消费者权益保护法规定的消费者的权利包括：保障安全权、知悉真情权、自主选择权、公平交易权、依法求偿权、依法结社权、获取知识权、人格尊严受尊重权和个人信息受保护权、监督批评权。

7. 答案：C

解析：可以承担责任的主体包括：①生产者、销售者。②展览会举办者、柜台出租者。③提供服务者。④承受原企业权利义务的企业。⑤营业执照的持有人和使用人。⑥广告主和广告经营者。

8. 答案：C

解析：经营者提供商品或者服务有欺诈行为的，应当按照消费者的要求增加赔偿其受到的损失，增加赔偿的金额为消费者购买商品的价款或者接受服务的费用的 3 倍；增加赔偿的金额不足 500 元的，为 500 元。法律另有规定的，依照其规定。

9. 答案：D

解析：经营者的义务：①依法定或约定提供商品或者服务的义务。②接受消费者监督的义务。③安全保障的义务。④缺陷产品召回的义务。⑤提供真实信息的义务。⑥标明真实名称和标记的义务。⑦出具购货凭证或者服务单据的义务。⑧保证商品或服务质量符合要求的义务。⑨履行 7 日内退货的义务。⑩格式条款的提示、说明义务。⑪公平交易的义务。⑫尊重消费者人格权的义务。⑬重要信息披露义务。⑭消费者个人信息保护义务。

10. 答案：C

解析：消费者是指为生活消费需要而购买、使用商品或者接受服务的个人。消费者应满足以下三点：①消费者是指购买商品或者接受服务的人。②消费者购买商品或者接受服务时不得以营利为目的。③消费者是指购买商品或者接受服务的个人，不包括单位。

11. 答案：B

解析：监督批评权是指消费者享有对商品和服务以及保护消费者权益工作进行监督的权利。

12. 答案：A

解析：消费者是指为生活消费需要而购买、使用商品或者接受服务的个人。消费者应满足以下三点：①消费者是指购买商品或者接受服务的人。②消费者购买商品或者接受服务时不得以营利为目的。③消费者是指购买商品或者接受服务的个人，不包括单位。

13. 答案：B

解析：公平交易权是指消费者在与经营者之间进行的消费交易中所享有的获得公平的交易条件的权利。该权利主要体现在两个方面：一是消费者有权获得质量保障、价格合理、计量正确等公平交易条件。日常生活中经营者故意的"短斤少两""以次充好"行为实质上侵犯了消费者的公平交易权。二是消费者有权拒绝经营者的强制交易行为。如强迫消费者购物或接受服务等，都属于强制交易行为。

14. 答案：C

解析：根据我国现行法律，可通过以下途径解决：①与经营者协商和解。②请求消费者协会或依法成立的其他调解组织调解。③向有关行政部门申诉。④提请仲裁机构仲裁。⑤向人民法院提起诉讼。⑥由消费者协会提起公益诉讼。

二、主观题

1. 答：消费者权益争议是指消费者权益受到侵害，而与经营者之间发生的纠纷。根据我国现行法律，消费者权益争议可通过以下途径解决：

（1）与经营者协商和解。

（2）请求消费者协会或依法成立的其他调解组织调解。

（3）向有关行政部门申诉。

（4）提请仲裁机构仲裁。

（5）向人民法院提起诉讼。

（6）由消费者协会提起公益诉讼。

2. 答：我国《消费者权益保护法》确立了下列三项原则：

（1）依法交易的原则。

（2）国家对处于弱者地位的消费者给予特别保护的原则。

（3）全社会保护原则。

3. 答：（1）经营者收集、使用消费者个人信息，应当遵循合法、正当、必要的原则，明示收集、使用信息的目的、方式和范围，并经消费者同意。

（2）经营者收集、使用消费者个人信息，应当公开其收集、使用规则，不得违反法律、法规的规定和双方的约定收集、使用信息。

（3）经营者及其工作人员对收集的消费者个人信息必须严格保密，不得泄露、出售或者非法向他人提供。

（4）经营者未经消费者同意或者请求，或者消费者明确表示拒绝的，不得向其发送商业性信息。

恭喜你完成了本章的学习，全书章节进度已完成 8/10。奋斗的双脚在踏碎自己的温床时，却开拓了一条创造之路。在此，请记录下你的学习心得吧。

第九章　劳动法

备考指南

　　劳动法是调整劳动关系的法律规范，是经济法的重要组成部分。通过本章的学习，你应该：了解劳动法的概念；重点学习和掌握劳动合同的订立、效力、履行、解除以及特殊劳动合同、劳动仲裁等制度。本章重要程度为★★，考题多以选择题、简答题的形式出现。考生在复习时，要反复记忆知识点中的划线部分，并充分利用书中"小笔记"部分进行书写，确保熟记于心，自如地运用到考试中。

学习目标

　　通过本章的学习，你将掌握以下知识点：

　　1. 劳动法的概念、基本原则、主要制度。

　　2. 劳动合同的种类及劳动关系的建立。

　　3. 劳动合同的内容、无效、解除、终止、经济补偿及特殊劳动合同。

　　4. 劳动仲裁。

PART 1 本章知识宝图

本章共3个考点，知识宝图见图9-1。图中对知识点用星标做了重要程度标注，★★★为高频考点，★★为中频考点，★为一般考点，考生可对照知识宝图循序渐进地复习。

图9-1 本章知识宝图

PART 2 名师伴读

名师伴读，"码"上听课

本视频内容包含劳动合同的种类、劳动合同的解除等。

登录 http：//51xcjyw.com/index.do 观看完整内容。

人大芸窗职教学苑名师伴读系列

PART 3 高频考点

小笔记

▶ 考点31 劳动法概述

【★★二级知识点，常考题型：选择题、简答题】

1. **劳动法的基本原则**【选择题、简答题】

（1）保障劳动者合法权益的原则。

（2）政府、工会、企业三方协调劳动关系原则。

（3）促进就业的原则。

（4）维护劳动生产秩序的原则。

（5）男女平等、民族平等原则。

2. **劳动法的主要制度**

（1）调整劳动关系的法律制度。

（2）确定劳动标准的法律制度。

（3）规范劳动力市场的法律制度。

（4）社会保险法律制度。

（5）劳动权利保障与救济的法律制度。

易考点

1. 劳动法的基本原则。（5个）

2. 劳动法的主要制度。（5个）

▶ 考点 32 劳动合同

【★★★一级知识点，常考题型：选择题、简答题】

1. 劳动合同概述

（1）劳动合同的定义：劳务合同是劳动者与用人单位之间明确双方权利义务关系的协议。

（2）劳动合同法的调整范围：①企业、个体经济组织、民办非企业单位等组织与劳动者建立劳动关系，订立、履行、变更、解除或者终止劳动合同的，适用《劳动合同法》。②国家机关、事业单位、社会团体和与其建立劳动关系的劳动者订立、履行、变更、解除或者终止劳动合同的，适用《劳动合同法》。③公务员和参照公务员管理的人员以及私人雇用的家庭保姆、农业劳动者（乡镇企业职工和进城务工、经商的农民除外）、现役军人等不适用《劳动合同法》。国家机关的公务员适用《公务员法》，不适用《劳动合同法》。

2. 劳动关系的建立

（1）实际用工之日同时签订书面劳动合同：劳动关系自书面劳动合同签订之日起建立。

（2）实际用工时间晚于书面劳动合同签订时间：劳动关系自用人单位用工之日起建立。在实际用工之前签订书面劳动合同的，该合同具有约束力，违约的当事人应承担民事责任，但劳动关系仍自实际用工之日起建立。

（3）实际用工时间早于书面劳动合同签订时间：劳动关系自实际用工之日起建立。

3. 劳动关系建立的有关重要规定

（1）用人单位自用工之日起超过一个月不满一年未与劳动者订立书面劳动合同的，应当依照规定向劳动者每月支付两倍的工资，并与劳动者补订书面劳动合同；劳动者不与用人单位订立书面劳动合同的，用人单位应当书面通知劳动者终止劳动关系，并支付经济补偿。用人单位向劳动者每月支付两倍工资的起算时间为用工之日起满一个月的次日，截止时间为补订书面劳动合同的前一日。

（2）用人单位自用工之日起满一年未与劳动者订立书面劳动合同的，自用工之日起满一个月的次日至满一年的前一日应当依照规定向劳动者每月支付两倍的工资，并视为自用工之日起满一年的当日已经与劳动者订立无固定期限劳动合同，应当立即与劳动者补订书面劳动合同。

4. 劳动合同的种类【简答题】

（1）固定期限劳动合同。

（2）无固定期限劳动合同。

（3）以完成一定工作任务为期限的劳动合同。

5. 无固定期限劳动合同的订立【选择题、简答题】

有下列情形之一，劳动者提出或者同意续订、订立劳动合同的，除劳动者提出订立固定期限劳动合同外，应当订立无固定期限劳动合同：

（1）劳动者在该用人单位连续工作满 10 年的。

（2）用人单位初次实行劳动合同制度或者国有企业改制重新订立劳动合同时，劳动者在该用人单位连续工作满 10 年且距法定退休年龄不足 10 年的。

（3）连续订立两次固定期限劳动合同，且劳动者没有《劳动合同法》第 39 条和第 40 条第 1 项、第 2 项规定的情形，续订劳动合同的。

用人单位自用工之日起满一年不与劳动者订立书面劳动合同的，视为用人单位与劳动者已订立无固定期限劳动合同。

6. 劳动合同的必备条款

劳动合同应当具备以下条款：

（1）用人单位的名称、住所和法定代表人或者主要负责人。

（2）劳动者的姓名、住址和居民身份证或者其他有效身份证件号码。

（3）劳动合同期限。

（4）工作内容和工作地点。

（5）工作时间和休息休假。

（6）劳动报酬。

（7）社会保险。

（8）劳动保护、劳动条件和职业危害防护。

（9）法律、法规规定应当纳入劳动合同的其他事项。

7. 劳动合同的任意条款

（1）试用期。

（2）服务期。

（3）竞业限制。

（4）违约金。

8. 试用期

劳动合同期限 3 个月以上不满 1 年的，试用期不得超过 1 个月；劳动合同期限 1 年以上不满 3 年的，试用期不得超过 2 个月；3 年以上固定期限和无固定期限的劳动合同，试用期不得超过 6 个月。具体如表 9-1 所示。

表 9-1　合同期限与试用期

合同期限	试用期
3 个月~1 年	不超过 1 个月
1 年~3 年	不超过 2 个月
3 年以上和无固定期限	不超过 6 个月

9. 服务期

服务期是指用人单位与劳动者双方在特定情形下约定的劳动者必须为用人单位提供劳动的期间。

10. 竞业限制

劳动者违反竞业限制约定的，应当按照约定向用人单位支付违约金。

11. 违约金

除服务期和竞业限制两种情形外，用人单位不得与劳动者约定由劳动者承担违约金。如劳动合同中就劳动者提前解除劳动合同或者违反劳动合同的期限等行为约定违约金的，其内容无效。

12. 劳动合同的无效或部分无效【简答题】

（1）以欺诈、胁迫的手段或者乘人之危，使对方在违背真实意思的情况下订立或者变更劳动合同的。

（2）用人单位免除自己的法定责任、排除劳动者权利的。

（3）违反法律、行政法规强制性规定的。

应注意的是：劳动合同部分无效，不影响其他部分效力的，其他部分仍然有效。

13. 支付加班费的具体标准

在标准工作日内安排劳动者延长工作时间的，支付不低于工资的

小笔记

150%的工资报酬；**休息日**安排劳动者工作又不能安排补休的，支付不低于工资的**200%**的工资报酬；**法定休假日**安排劳动者工作的，支付不低于工资的**300%**的工资报酬。

14. 劳动合同的解除【单选题、多选题、简答题】

劳动合同的解除一般分为劳动者解除和用人单位单方解除。

劳动者**提前30日以书面形式通知用人单位**，可以解除劳动合同。劳动者在**试用期内提前3日通知用人单位**，可以解除劳动合同。

用人单位单方解除又可分为即时解雇和预告解雇。

（1）**即时解雇**。**劳动者有下列情形之一的，用人单位可以解除劳动合同**：①在试用期间被证明不符合录用条件的。②严重违反用人单位的规章制度的。③严重失职，营私舞弊，给用人单位造成重大损害的。④被依法追究刑事责任的。⑤劳动者同时与其他用人单位建立劳动关系，对完成本单位的工作任务造成严重影响，或者经用人单位提出，拒不改正的。⑥因《劳动合同法》第26条第1款第1项规定的情形致使劳动合同无效的。

（2）**预告解雇**。预告解雇是指**在非因劳动者个人过错导致其不能履行劳动合同的情形**，用人单位提前通知劳动者解除劳动合同。**有下列情形之一的，用人单位提前30日以书面形式通知劳动者本人或者额外支付劳动者一个月工资后，可以解除劳动合同**：①劳动者患病或者非因工负伤，在规定的医疗期满后不能从事原工作，也不能从事由用人单位另行安排的工作的。②劳动者不能胜任工作，经过培训或者调整工作岗位，仍不能胜任工作的。③劳动合同订立时所依据的客观情况发生重大变化，致使劳动合同无法履行，经用人单位与劳动者协商，未能就变更劳动合同内容达成协议的。

15. 企业因经济性裁员而裁减人员时，应当优先留用的人员

（1）与本单位订立较长期限的固定期限劳动合同的。

（2）与本单位订立无固定期限劳动合同的。

（3）家庭无其他就业人员，有需要扶养的老人或者未成年人的。

用人单位在6个月内重新招用人员的，应当通知被裁减的人员，并在同等条件下优先招用被裁减的人员。

16. 用人单位不得采用预告解雇和经济性裁员方式解除劳动合同的情形

劳动者有下列情形之一的，用人单位不得采用预告解雇和经济性裁员方式解除劳动合同：

（1）从事接触职业病危害作业的劳动者未进行离岗前职业健康检查，或疑似职业病病人在诊断或者医学观察期间的。

（2）在本单位患职业病或因工负伤并被确认丧失或部分丧失劳动能力的。

（3）患病或非因工负伤，在规定的医疗期内的。

（4）女职工在孕期、产期、哺乳期的。

（5）在本单位连续工作满 15 年，且距法定退休年龄不足 5 年的。

（6）法律、行政法规规定的其他情形。

17. 用人单位单方解除劳动合同时通知工会的义务

用人单位单方解除劳动合同，应当事先将理由通知工会。

18. 劳动合同的终止

劳动合同的终止是指劳动合同所确立的劳动关系因解除以外的原因而消灭。

有下列情形之一的，劳动合同终止：【选择题、简答题】

（1）劳动合同期满的。

（2）劳动者开始依法享受基本养老保险待遇的。

（3）劳动者死亡，或者被人民法院宣告死亡或者宣告失踪的。

（4）用人单位被依法宣告破产的。

（5）用人单位被吊销营业执照、责令关闭、撤销或者用人单位决定提前解散的。

（6）法律、行政法规规定的其他情形。

19. 特殊劳动合同

（1）集体合同。集体合同是指职工一方与企业一方就劳动报酬、工作时间、休息休假、劳动安全卫生、保险福利等事项，在平等协商的基础上达成的书面合同。集体合同由工会代表企业职工一方与用人单位订立；尚未建立工会的用人单位，由上级工会指导劳动者推举的代表与用人单位订立。集体合同草案应当提交职工代表大会或者全体职工讨论通过。集体合同订立后，应当报送劳动行政部门；劳动行政部门自收到集体合同文本之日起 15 日内未提出异议的，集体合同即行生效。依法订立的集体合同对用人单位和劳动者具有约束力。集体合同中劳动报酬和劳动条件等标准不得低于当地人民政府规定的最低标准；用人单位与劳动者订立的劳动合同中，劳动报酬和劳动条件等标准不得低于集体合同规定的标准。

（2）劳务派遣。①在劳务派遣中，派遣单位与被派遣劳动者之间签订劳动合同，建立劳动关系。②派遣单位应当与用工单位订立劳务派遣协议。③劳动者与用工单位之间没有建立劳动关系，但用工单位仍然要对被派遣劳动者履行法律规定的义务和派遣协议约定的义务。不过，由于用工单位与被派遣劳动者之间没有劳动合同，因此有劳动者严重违反用工单位规章制度等情形的，用工单位只能将被派遣劳动者退回派遣单位，由派遣单位解除与被派遣劳动者之间的劳动合同。

（3）非全日制用工。非全日制用工是指以小时计酬为主，劳动者在同一用人单位一般平均每日工作时间不超过 4 小时，每周工作时间累计不超过 24 小时的用工形式。非全日制用工属于劳动关系，但仅限于用人单位用工，不包括个人用工形式。

非全日制用工的特殊规定：

（1）非全日制用工双方当事人可以订立口头协议。

（2）从事非全日制用工的劳动者可以与一个或者一个以上的用人单位订立劳动合同；但是，后订立的劳动合同不得影响先订立的劳动合同的履行。

（3）非全日制用工双方当事人不得约定试用期。

（4）非全日制用工双方当事人任何一方都可以随时通知对方终止用工。

（5）终止用工，用人单位不向劳动者支付经济补偿。

（6）非全日制用工小时计酬标准不得低于用人单位所在地人民政府规定的最低小时工资标准。非全日制用工劳动报酬结算支付周期最长不得超过 15 日。

易考点

1. 劳动合同法的调整范围。

2. 劳动关系的建立。

3. 订立无固定期限劳动合同的情形。

4. 劳动合同的任意条款。

5. 劳动合同的解除。

考点 33 劳动仲裁

【★★二级知识点，常考题型：选择题、简答题】

1. 可申请劳动仲裁的情形【简答题】

用人单位与劳动者之间发生下列劳动争议的，当事人可申请劳动仲裁：

（1）因确认劳动关系发生的争议。

（2）因订立、履行、变更、解除和终止劳动合同发生的争议。

（3）因除名、辞退和辞职、离职发生的争议。

（4）因工作时间、休息休假、社会保险、福利、培训以及劳动保护发生的争议。

（5）因劳动报酬、工伤医疗费、经济补偿或者赔偿金等发生的争议。

（6）法律、法规规定的其他劳动争议。

2. 劳动争议仲裁委员会的组成

劳动争议仲裁委员会由劳动行政部门代表、工会代表和企业方面代表组成。组成人员应当是单数。

3. 劳动争议仲裁委员会的职责

（1）聘任、解聘专职或者兼职仲裁员。

（2）受理劳动争议案件。

（3）讨论重大或者疑难的劳动争议案件。

（4）对仲裁活动进行监督。

4. 劳动争议申请仲裁的时效期间

劳动争议申请仲裁的时效期间为 1 年。

5. 一裁终局模式

在部分劳动争议中实行有限的一裁终局模式，即下列劳动争议，仲裁裁决为终局裁决，裁决书自作出之日起发生法律效力：

（1）追索劳动报酬、工伤医疗费、经济补偿或者赔偿金，不超过当地月最低工资标准 12 个月金额的争议。

（2）因执行国家的劳动标准在工作时间、休息休假、社会保险等方面发生的争议。

该模式的有限性体现在这类案件自仲裁裁决作出后，对用人单位即发生效力，但劳动者对该仲裁裁决不服的，可以自收到仲裁裁决书之日起 15 日内向人民法院提起诉讼。

易考点

1. 可申请劳动仲裁的劳动争议情形。

2. 劳动争议申请仲裁的时效期间为 1 年。

3. 一裁终局的适用情形。

PART 4　难点回顾

🔎 劳动合同法的调整范围。

🔎 劳动合同的无效。

🔎 劳动合同的解除、劳动合同的终止、经济补偿、用人单位违法解除或者终止劳动合同的后果、劳动合同解除或者终止的后果。

🔍 仲裁裁决的"一裁终局"模式的适用情形。

过考百科

国家实行劳动者从全年日历时间 365 天中扣除 52 个星期的公休日 104 天，扣除法定节假日 11 天，全年应工作 250 天，每月平均工作 20.83 天，每天工作 8 小时。据此推算，劳动者每个月平均应工作约 167 小时。用人单位应遵守劳动工时制度的规定。对实行计件工作的劳动者，用人单位应当根据《劳动法》第 36 条规定的工时制度合理确定劳动者劳动定额和计件报酬标准。

PART 5 真题演练

一、单选题

1.【2011 年 1 月】根据我国《劳动争议调解仲裁法》的规定，劳动争议申请仲裁的时效期间为（   ）。

A. 60 日   B. 90 日   C. 6 个月   D. 1 年

2.△【2011 年 10 月】下列情形中，用人单位可以采用预告解雇方式解除劳动合同的是（   ）。

A. 劳动者甲非因工负伤，已过规定的医疗期

B. 劳动者乙在本单位患职业病

C. 劳动者丙在哺乳期

D. 劳动者丁在本单位连续工作 15 年，且距法定退休年龄还有 4 年

3.【2011 年 10 月】劳动者张某与甲公司签订 2 年期限的劳动合同，根据我国劳动合同法的规定，张某的试用期不得超过（   ）。

A. 1 个月   B. 2 个月   C. 3 个月   D. 4 个月

4.【2012 年 1 月】为保障劳动者的合法权益，用人单位未在用工之后一定期间与劳动者订立书面劳动合同的，用人单位应当向劳动者每月支付两倍的工资，该期间为自用工之日起（   ）。

A. 1 个月   B. 2 个月   C. 3 个月   D. 6 个月

5.△【2012 年 10 月】根据劳动法的规定，下列属于劳动法调整对象的是（   ）。

A. 国家公务员 B. 乡镇企业职工 C. 家庭保姆 D. 现役军人

6.【2012 年 10 月】根据劳动法的规定，用人单位法定休假日安排劳动者工作的，应支付不少于工资（   ）。

A. 150% 的报酬　　B. 200% 的报酬　　C. 250% 的报酬　　D. 300% 的报酬

7.【2013年1月】依照劳动合同法的规定，非试用期内，劳动者预告辞职，需提前以书面形式通知用人单位。该提前通知的期限是(　　)。

A. 3 日　　　　　　B. 15 日　　　　　　C. 30 日　　　　　　D. 60 日

8.△【2013年1月】依照劳动合同法的有关规定，用人单位单方解除劳动合同的，应当事先将理由通知(　　)。

A. 工会

B. 劳动争议仲裁机构

C. 职工代表大会

D. 劳动争议调解组织

9.【2013年10月】根据劳动合同法的规定，下列不属于劳动合同必备条款的是(　　)。

A. 劳动报酬　　　B. 劳动期限　　　C. 工作时间　　　D. 试用期

10.△【2014年4月】甲企业的新员工张某在试用期内拟与甲企业解除劳动合同。下列表述正确的是(　　)。

A. 张某在试用期内可随时解除劳动合同

B. 张某应提前 3 日通知甲企业解除劳动合同

C. 张某应提前 30 日通知甲企业解除劳动合同

D. 张某应与甲企业协商一致方可解除劳动合同

11.【2014年4月】对下列劳动争议的仲裁裁决不服，用人单位可以向人民法院起诉的是(　　)。

A. 追索劳动报酬，不超过当地月最低工资标准12个月金额的争议

B. 追索工伤医疗费，不超过当地月最低工资标准12个月金额的争议

C. 追索经济补偿或者赔偿金，超过当地月最低工资标准24个月金额的争议

D. 因执行国家的劳动标准在工作时间、休息休假、社会保险等方面发生的争议

12.【2014年10月】甲公司与张某约定，甲公司为张某提供专项技术培训，并承担全部费用；培训完毕后张某应为甲公司工作 5 年。该条款在我国劳动合同法中一般称为(　　)。

A. 试用期条款　　B. 服务期条款　　C. 见习期条款　　D. 学徒期条款

13.△【2014年10月】2013 年 8 月 1 日，罗某到甲公司担任会计，约定试用期 15天。9 月 1 日甲公司向罗某支付工资。9 月 15 日双方签订书面劳动合同。罗某与甲公司劳动关系成立的时间是(　　)。

A. 8 月 1 日　　　B. 8 月 16 日　　　C. 9 月 1 日　　　D. 9 月 15 日

14.△【2015年4月】下列有关集体合同的表述，错误的是(　　)。

A. 必须是书面形式

B. 订立后立即生效

C. 效力具有扩张性

D. 可由工会代表职工订立

15.【2015年10月】劳动者违反竞业限制约定的，应当按照约定向用人单位支付（　　）。

A. 押金　　　　　　B. 违约金　　　　　　C. 罚金　　　　　　D. 补偿金

易 错 题

　　第2题、第11题、第14题为易错题，考生需要牢牢掌握知识点，考试时认真审题，避免作答失误。

　　△表示该题所涉及知识点为高频考点。

二、主观题

1. 简述用人单位应当与劳动者订立无固定期限劳动合同的情形。

2. 劳动合同终止的情形有哪些？

3. 简述劳动合同无效的情形。

PART 6　答案解析 🛠

一、单选题

1. 答案：D

解析：劳动争议申请仲裁的时效期间为1年。

2. 答案：A

解析：劳动者有下列情形之一的，用人单位不得采用预告解雇和经济性裁员方式解除劳动合同：①从事接触职业病危害作业的劳动者未进行离岗前职业健康检查，或疑似职业病病人在诊断或者医学观察期间的。②在本单位患职业病或因工负伤并被确认丧失或部分丧失劳动能力的。③患病或非因工负伤，在规定的医疗期内的。④女职工在孕期、产期、哺乳期的。⑤在本单位连续工作满15年，且距法定退休年龄不足5年的。⑥法律、行政法规规定的其他情形。由题目可知，B、C、D选项中的情形出现时，用人单位均不可采用预告解雇方式解除劳动合同，故选A。

3. 答案：B

解析：劳动合同期限1年以上不满3年的，试用期不得超过2个月。

4. 答案：A

解析：用人单位自用工之日起超过1个月不满1年未与劳动者订立书面劳动合同的，应当按照《劳动合同法》第82条的规定向劳动者每月支付两倍的工资，并与劳动者补订书面劳动合同。

5. 答案：B

解析：公务员和参照公务员管理的人员以及私人雇用的家庭保姆、农业劳动者（乡镇企业职工和进城务工、经商的农民除外）、现役军人等不适用《劳动合同法》。

6. 答案：D

解析：法定休假日安排劳动者工作的，支付不低于300%的工资报酬。

7. 答案：C

解析：劳动者提前30日以书面形式通知用人单位，可以解除劳动合同。劳动者在试用期内提前3日通知用人单位，可以解除劳动合同。

8. 答案：A

解析：用人单位单方解除劳动合同，应当事先将理由通知工会。

9. 答案：D

解析：劳动合同应当具备以下条款：①用人单位的名称、住所和法定代表人或者主要负责人。②劳动者的姓名、住址和居民身份证或者其他有效身份证件号码。③劳动合同期限。④工作内容和工作地点。⑤工作时间和休息休假。⑥劳动报酬。⑦社会保险。⑧劳动保护、劳动条件和职业危害防护。⑨法律、法规规定应当纳入劳动合同的其他事项。

10. 答案：B

解析：劳动者在试用期内提前3日通知用人单位，可以解除劳动合同。

11. 答案：C

解析：下列劳动争议，仲裁裁决为终局裁决，裁决书自作出之日起发生法律效力：①追索劳动报酬、工伤医疗费、经济补偿或者赔偿金，不超过当地月最低工资标准12个月金额的争议。②因执行国家的劳动标准在工作时间、休息休假、社会保险等方面发生的争议。

12. 答案：B

解析：服务期是指用人单位与劳动者双方在特定情形下约定的劳动者必须为用人单位提供劳动的期间。

13. 答案：A

解析：劳动关系自实际用工之日建立。

14. 答案：B

解析：集体合同订立后，应当报送劳动行政部门；劳动行政部门自收到集体合同文本之日起15日内未提出异议的，集体合同即行生效。依法订立的集体合同对用人单位和劳动者具有约束力。

15. 答案：B

解析：劳动者违反竞业限制约定的，应当按照约定向用人单位支付违约金。

二、主观题

1. 答：用人单位应当与劳动者订立无固定期限劳动合同的情形如下：

（1）劳动者在该单位连续工作满 10 年。

（2）用人单位初次实行劳动合同或国有企业改制重新订立劳动合同的，劳动者已在该单位工作满 10 年且距法定退休年龄不足 10 年的。

（3）连续订立两次固定期限劳动合同，无法定不续订的情形，续订劳动合同的。

2. 答：有下列情形之一的，劳动合同终止：

（1）劳动合同期满的。

（2）劳动者开始依法享受基本养老保险待遇的。

（3）劳动者死亡，或者被人民法院宣告死亡或者宣告失踪的。

（4）用人单位被依法宣告破产的。

（5）用人单位被吊销营业执照、责令关闭、撤销或者用人单位决定提前解散的。

（6）法律、行政法规规定的其他情形。

3. 答：下列劳动合同无效或者部分无效：

（1）以欺诈、胁迫的手段或者乘人之危，使对方在违背真实意思的情况下订立或者变更劳动合同的。

（2）用人单位免除自己的法定责任、排除劳动者权利的，如约定"工伤概不负责"的免责条款，该免责条款因排除劳动者合法权利而无效。

（3）违反法律、行政法规强制性规定的。

恭喜你完成了本章的学习，全书章节进度已完成 9/10。生活的激流已经涌现到万丈峭壁，只要再前进一步，就会变成壮丽的瀑布。在此，请记录下你的学习心得吧。

第十章　自然资源法与环境保护法

备考指南

　　自然资源法与环境保护法是经济法的重要组成部分。通过本章的学习，你应该：了解自然资源法的基本制度，以及土地管理法、森林法、草原法、水法、渔业法、野生动植物保护法、矿产资源法和环境保护法的主要制度；重点学习和掌握土地管理法、森林法、草原法、水法、渔业法、野生动植物保护法、矿产资源法和环境保护法的相关内容。本章重要程度为★★，考题多以选择题、简答题的形式出现。考生在复习时，要反复记忆知识点中的划线部分，并充分利用书中"小笔记"部分进行书写，确保熟记于心，自如地运用到考试中。

学习目标

　　通过本章的学习，你将掌握以下知识点：

　　1. 自然资源法的基本原则和基本制度。

　　2. 土地管理法、森林法、草原法、水法、渔业法、野生动植物保护法、矿产资源法。

　　3. 环境保护法的基本原则和环境保护的主要制度。

PART 1 本章知识宝图 ✈

本章共 2 个考点，知识宝图见图 10 - 1。图中对知识点用星标做了重要程度标注，★★★ 为高频考点，★★ 为中频考点，★ 为一般考点，考生可对照知识宝图循序渐进地复习。

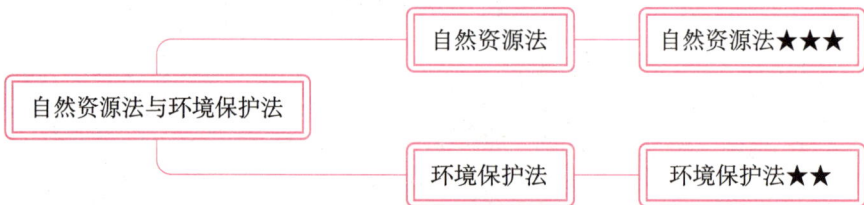

```
                                    ┌── 自然资源法 ──── 自然资源法 ★★★
自然资源法与环境保护法 ──┤
                                    └── 环境保护法 ──── 环境保护法 ★★
```

图 10 - 1 本章知识宝图

PART 2 名师伴读 🎧

名师伴读，"码"上听课

本视频内容包含自然资源法的基本原则、自然资源许可证等。

登录 http：//51xcjyw.com/index.do 观看完整内容。

人大芸窗职教学苑名师伴读系列

PART 3 高频考点

小笔记

▶ 考点 34　自然资源法

【★★★一级知识点，常考题型：选择题、简答题】

1. 我国自然资源法的基本原则【选择题、简答题】

（1）重要自然资源公有原则，如矿藏、水流、海域等归国家所有。

（2）综合利用和多目标开发原则。

（3）统一规划和因地因时制宜原则。

（4）经济效益、生态效益和社会效益相统一原则。

（5）坚持开源与节流相结合原则。

2. 重要自然资源公有

矿藏、水流、海域属于国家所有；城市的土地属于国家所有，法律规定属于国家所有的农村和城市郊区的土地，属于国家所有；森林、山岭、草原、荒地、滩涂等自然资源属于国家所有，但法律规定属于集体所有的除外；法律规定属于国家所有的野生动植物资源，属于国家所有。

3. 自然资源许可证的类型

根据实施管理范围的不同，自然资源许可证可分为以下三大类：

（1）资源开发许可证，如林木采伐许可证、采矿许可证、捕捞许可证和野生植物采集证等。

（2）资源利用许可证，如土地使用证、草原使用证、养殖使用证等。

（3）资源交易进出口许可证，如野生动植物进出口许可证等。

4. 土地使用权

土地使用权主要包括建设用地使用权、土地承包经营权、宅基地使用权和地役权。

5. 非农业建设占用耕地的有关规定

非农业建设经批准占用耕地的，按照"占多少，垦多少"的原则，由占用耕地的单位负责开垦与所占用耕地的数量和质量相当的耕地。

6. 征收集体所有的土地的有关规定

征收集体所有的土地，应当依法足额支付土地补偿费、安置补助费、地上附着物和青苗的补偿费等费用，安排被征地农民的社会保障费用，保障被征地农民的生活，维护被征地农民的合法权益。

7. 种植的林木的所有权

农村居民在房前屋后、自留地、自留山种植的林木，归个人所有。城镇居民和职工在自有房屋的庭院内种植的林木，归个人所有。集体或者个人承包国家所有和集体所有的宜林荒山荒地造林的，承包后种植的林木归承包的集体或者个人所有。

8. 森林采伐【选择题、简答题】

（1）国家根据用材林的消耗量低于生长量的原则，严格控制森林年采伐量，确立森林年采伐限额制度。

（2）国家制定统一的年度木材生产计划。年度木材生产计划不得超过批准的年采伐限额。

（3）除农村居民采伐自留地和房前屋后个人所有的零星林木外，采伐林木必须取得采伐许可证，按许可证的规定进行采伐。

（4）采伐森林和林木必须遵守下列规定：①成熟的用材林应当根据不同情况，分别采取择伐、皆伐和渐伐方式，皆伐应当严格控制，并在采伐的当年或者次年内完成更新造林。②防护林和特种用途林中的国防林、母树林、环境保护林、风景林，只准进行抚育和更新性质的采伐。③特种用途林中的名胜古迹和革命纪念地的林木、自然保护区的森林，严禁采伐。

9. 草原的所有权和使用权

草原属于国家所有，由法律规定属于集体所有的除外。国家所有的草原，由国务院代表国家行使所有权。国家所有的草原，可以依法确定给全民所有制单位、集体经济组织等使用。依法确定给全民所有制单位、集体经济组织等使用的国家所有的草原，由县级以上人民政府登记，核发使用权证，确认草原使用权。**集体所有的草原，由县级人民政府登记，核发所有权证，确认草原所有权**。集体所有的草原或者依法确定给集体经济组织使用的国家所有的草原，可以由本集体经济组织内的家庭或者联户承包经营。

10. 草原所有权、使用权争议的解决

草原所有权、使用权的争议，由当事人协商解决；协商不成的，由有关人民政府处理。**单位之间**的争议，**由县级以上人民政府处理**；**个人之间、个人与单位之间**的争议，**由乡（镇）人民政府或者县级以上人民政府处理**。当事人对有关人民政府的处理决定不服的，可以依法向人民法院起诉。在草原权属争议解决前，任何一方不得改变草原利用现状，不得破坏草原和草原上的设施。

11. 水资源的所有权和取水权

水资源属于国家所有。水资源的所有权由国务院代表国家行使。**农村集体经济组织的水塘和由农村集体经济组织修建管理的水库中的水，归各农村集体经济组织使用**。直接从地下、江河、湖泊等水资源中取水的权利，称为取水权。取水权包括两种情况：①为家庭生活、畜禽饮用取水和其他少量取水的，**不需要申请取水许可**。②**为生产经营的目的而从地下、江河、湖泊直接取水**，国家实行取水许可制度，**通过获得取水许可证而享有取水权**。

12. 用水制度

国家实行**计划用水**，厉行**节约用水**。**这方面的制度主要有**：①计划用水制度；②取水许可制度；③用水收费制度。使用供水工程供应的水，应当按照规定向供水单位缴纳水费。对城市中直接从地下取水的单位，征收水资源费；其他直接从地下或者江河、湖泊取水的，由省、自治区、直辖市人民政府决定征收水资源费。

13. 矿产资源的所有权

矿产资源**属于国家所有**，由**国务院行使国家对矿产资源的所有权**。地表或者地下的矿产资源的国家所有权，不因其所依附的土地的所有权或者使用权的不同而改变。可见，我国矿产资源实行单一的国家所有权制度。**国家实行探矿权、采矿权有偿取得的制度**。

易考点

1. 我国自然资源法的基本原则。（5个）

2. 矿藏、水流、海域属于国家所有。

3. 自然资源许可证可分为三大类：（1）资源开发许可证。（2）资源利用许可证。（3）资源交易进出口许可证。

考点35　环境保护法

【★★二级知识点，常考题型：选择题、简答题】

1. 环境保护法的基本原则

（1）保护优先原则。

（2）预防为主原则。

（3）综合治理原则。

（4）公众参与原则。

（5）损害担责原则。

2. 环境保护的主要制度【选择题、简答题】

（1）环境规划制度。

（2）环境影响评价制度。

（3）环境保护目标责任制度。

（4）环境标准制度。

（5）清洁生产制度。

3. 环境法律责任

环境法律责任包括行政责任、民事责任和刑事责任。**环境民事责任是一种无过错责任**，只要存在危害环境的行为、损害事实以及因果关系，即可构成。完全由于不可抗拒的自然灾害，并经及时采取合理措施，仍然不能避免造成环境污染损害的，免予承担责任。**因环境污染损害赔偿提起诉讼的时效期间为3年**，从当事人知道或者应当知道受到污染损害时起计算。

易考点

1. 环境保护法的基本原则。（5个）

2. 环境保护的主要制度。（5个）

3. 环境民事责任是一种无过错责任。因环境污染损害赔偿提起诉讼的时效期间为3年。

PART 4 难点回顾

🔍 自然资源权属制度。

🔍 自然资源法、环境保护法的基本原则。

🔍 环境民事责任。

过考百科

《中华人民共和国环境保护法》是为保护和改善环境，防治污染和其他公害，保障公众健康，推进生态文明建设，促进经济社会可持续发展制定的国家法律，由中华人民共和国第七届全国人民代表大会常务委员会第十一次会议于 1989 年 12 月 26 日通过，此后又由中华人民共和国第十二届全国人民代表大会常务委员会第八次会议于 2014 年 4 月 24 日修订通过，自 2015 年 1 月 1 日起施行。

PART 5 真题演练

一、单选题

1.【2010 年 10 月】因环境污染损害赔偿提起诉讼的时效期间为(　　)。

A. 1 年　　　　　　B. 2 年　　　　　　C. 3 年　　　　　　D. 4 年

2. △【2010 年 10 月】下列资源只能属于国家所有的是(　　)。

A. 土地　　　　　　B. 草原　　　　　　C. 森林　　　　　　D. 野生动物

3.【2011 年 10 月】不需取得采伐许可证即可进行林木采伐的情形是(　　)。

A. 农村居民采伐自留地的林木　　　　B. 城镇居民采伐自家院落中的林木

C. 对防护林进行抚育性质的采伐　　　　D. 对防护林进行更新性质的采伐

4. △【2012 年 1 月】下列自然资源中不得由集体所有的是(　　)。

A. 水流　　　　　　B. 土地　　　　　　C. 草原　　　　　　D. 滩涂

5. △【2012 年 10 月】根据矿产资源法的规定，下列表述正确的是(　　)。

A. 任何矿产资源都属于国家所有

B. 矿产资源所有权由各地方政府行使

C. 挖矿权、采矿权以有偿取得为主，以无偿取得为辅

D. 矿产资源可属于集体所有

6.【2013 年 1 月】依照我国环境保护法的有关规定，环境民事责任是一种(　　)。

A. 无过错责任　　　B. 过错责任　　　C. 过失责任　　　D. 公平责任

7.【2019年4月】下列自然资源，既可以属于集体所有，也可以属于国家所有的是（　　）。

A. 矿藏　　　　　　B. 森林　　　　　　C. 海域　　　　　　D. 水流

8.【2013年10月】根据草原法的规定，集体所有草原的使用权由（　　）。

A. 乡级人民政府确认　　　　　　B. 县级人民政府确认

C. 市级人民政府确认　　　　　　D. 省级人民政府确认

9.【2014年4月】根据《土地管理法》的规定，非农业建设经批准占用耕地的，应遵循的原则是（　　）。

A. 占多少，垦多少　　　　　　B. 谁占用，谁开垦

C. 谁开垦，谁受益　　　　　　D. 谁受益，谁付费

10.△【2014年10月】下列自然资源，既可以属于国家所有，也可以属于集体所有的是（　　）。

A. 矿藏　　　　　　B. 水流　　　　　　C. 海域　　　　　　D. 滩涂

11.【2015年10月】根据我国自然资源许可制度，采矿许可证属于（　　）。

A. 资源开发许可证　　　　　　B. 资源利用许可证

C. 资源交易许可证　　　　　　D. 资源进出口许可证

12.【2016年4月】根据我国水法的规定，下列表述错误的是（　　）。

A. 国家实行计划用水制度　　　　　　B. 一切用水都要申请取水许可证

C. 国家实行用水收费制度　　　　　　D. 国家建立饮用水水源保护区制度

13.【2016年10月】下列情形中，需要申请取水许可证的是（　　）。

A. 畜禽饮用河水　　　　　　B. 化工厂为生产经营目的直接取用湖水

C. 发电厂使用自来水　　　　　　D. 农民为家庭生活少量取用河水

14.【2016年10月】下列关于草原权属的表述，正确的是（　　）。

A. 草原只能属于国家所有

B. 草原只能属于牧民集体所有

C. 草原只能属于投资建设草原者所有

D. 单位之间的草原权属争议由县级以上人民政府处理

15.△【2017年4月】下列自然资源只能属于国家所有的是（　　）。

A. 矿产　　　　　　B. 土地　　　　　　C. 草原　　　　　　D. 森林

16.【2017年4月】环境污染损害赔偿的诉讼时效期间为（　　）。

A. 1年　　　　　　B. 2年　　　　　　C. 3年　　　　　　D. 4年

17.【2017年10月】下列不属于土地使用权的是（　　）。

A. 土地承包经营权　　　　　　B. 房地产抵押权

C. 宅基地使用权　　　　　　D. 地役权

易 错 题

第3题、第5题、第14题为易错题，考生需要牢牢掌握知识点，考试时认真审题，避免作答失误。

△表示该题所涉及知识点为高频考点。

二、主观题

1. 我国自然资源法的基本原则有哪些？
2. 简述我国环境保护的主要制度。

PART 6 答案解析 🔧

一、单选题

1. 答案：C

解析：因环境污染损害赔偿提起诉讼的时效期间为3年，从当事人知道或者应当知道受到污染损害时起计算。

2. 答案：D

解析：我国实行土地的社会主义公有制，土地所有权分为全民所有即国家土地所有权和集体土地所有权；草原属于国家所有，由法律规定属于集体所有的除外；森林资源属于国家所有，由法律规定属于集体所有的除外；野生动物资源只属于国家所有。

3. 答案：A

解析：法律规定除农村居民采伐自留地和房前屋后个人所有的零星林木外，采伐林木必须取得采伐许可证。

4. 答案：A

解析：水资源属于国家所有。

5. 答案：A

解析：矿产资源属于国家所有，由国务院行使国家对矿产资源的所有权。国家保障矿产资源的合理开发利用。我国的矿产资源实行单一的国家所有权制度。

6. 答案：A

解析：环境民事责任是一种无过错责任，只要存在危害环境的行为、损害事实以及因果关系，即可构成。

7. 答案：B

解析：林权是权利人对一定森林或林地、林木所享有的所有权、使用权和经营权的统称。在我国，森林资源属于国家所有，由法律规定属于集体所有的除外。国有企业事业单位、机关、团体、部队营造的林木，由营造单位经营并按照国家规定支配林木收益。集体所有制单位营造的林木，归该单位所有。农村居民在房前屋后、自留地、自留山种植的林木，归个人所有。城镇居民和职工在自有房屋的庭院内种植的林木，归个人所有。集体或者个人承包国家所有和集体所有的宜林荒山荒地造林的，承包后种植的林木归承包的集体或者个人所有；承包合同另有规定的，按照承包合同的规定执行。矿藏、水流、海域等归国家所有。

8. 答案：B

解析：集体使用的草原，由县级人民政府登记，核发所有权证，确认草原所有权。

9. 答案：A

解析：非农业建设经批准占用耕地的，按照"占多少，垦多少"的原则，由占用耕地的单位负责开垦与所占用耕地的数量和质量相当的耕地。

10. 答案：D

解析：根据《物权法》的规定，矿藏、水流、海域属于国家所有。

11. 答案：A

解析：根据实施管理的范围不同，自然资源许可证可分为三大类：①资源开发许可证，如林木采伐许可证、采矿许可证、捕捞许可证和野生植物采集证等。②资源利用许可证，如土地使用证、草原使用证、养殖使用证等。③资源交易进出口许可证，如野生动植物进出口许可证等。故采矿许可证属于资源开发许可证。

12. 答案：B

解析：国家建立饮用水水源保护区制度。取水权包括两种情况：①为家庭生活、畜禽饮用取水和其他少量取水的，不需要申请取水许可。②为生产经营的目的而从地下、江河、湖泊直接取水，国家实行取水许可制度，通过获得取水许可证而享有取水权。国家实行计划用水，厉行节约用水。这方面的制度主要有：计划用水制度、取水许可制度、用水收费制度。

13. 答案：B

解析：取水权包括两种情况：①为家庭生活、畜禽饮用取水和其他少量取水的，不需要申请取水许可。②为生产经营的目的而从地下、江河、湖泊直接取水，国家实行取水许可制度，通过获得取水许可证而享有取水权。

14. 答案：D

解析：草原属于国家所有，由法律规定属于集体所有的除外。草原所有权、使用权的争议，由当事人协商解决；协商不成的，由有关人民政府处理。单位之间的争议，由县级以上人民政府处理；个人之间、个人与单位之间的争议，由乡（镇）人民政府或者县级以上人民政府处理。

15. 答案：A

解析：根据《物权法》的规定，矿藏、水流、海域属于国家所有；城市的土地属于国家所有，法律规定属于国家所有的农村和城市郊区的土地，属于国家所有；森林、山岭、草原、荒地、滩涂等自然资源属于国家所有，但法律规定属于集体所有的除外；法律规定属于国家所有的野生动植物资源，属于国家所有。

16. 答案：C

解析：因环境污染损害赔偿提起诉讼的时效期间为3年，从当事人知道或者应当知道受到污染损害时起计算。

17. 答案：B

解析：土地使用权主要包括建设用地使用权、土地承包经营权、宅基地使用权和地役权。

二、主观题

1. 答：（1）重要自然资源公有原则。

（2）综合利用和多目标开发原则。

（3）统一规划和因地因时制宜原则。

（4）经济效益、生态效益和社会效益相统一原则。

（5）坚持开源与节流相结合原则。

2. 答：（1）环境规划制度。

（2）环境影响评价制度。

（3）环境保护目标责任制度。

（4）环境标准制度。

（5）清洁生产制度。

　　恭喜你完成了本章的学习，全书章节进度已全部完成。如果可恨的挫折使你尝到苦果，朋友，奋起必将让你尝到人生的欢乐。在此，请记录下你的学习心得吧。

为（　　）。

    A. 3个月　　　　　　B. 6个月　　　　　　C. 9个月　　　　　　D. 12个月

8. 依据《专利法》的规定，下列可以授予发明专利权的是（　　）。

    A. 科学发现　　　　　　　　　　　　B. 智力活动的规则

    C. 疾病的诊断方法　　　　　　　　　D. 植物品种的生产方法

9. 依据《商标法》的规定，权利人因被侵权所受到的实际损失、侵权人因侵权所获得的利益、注册商标许可使用费均难以确定的，人民法院可以在法定赔偿额内判决赔偿。该赔偿数额最高为人民币（　　）。

    A. 100万元　　　　　B. 200万元　　　　　C. 300万元　　　　　D. 500万元

10. 两个商标注册申请人，在同一种商品上以相同的商标先后申请注册的，应初步审定并公告（　　）。

    A. 申请在先的商标　　　　　　　　　B. 申请在后的商标

    C. 所有申请人的商标　　　　　　　　D. 使用在先的商标

11. 在反垄断执法实践中，下列关于相关市场认定的做法，正确的是（　　）。

    A. 只需要考虑时间因素　　　　　　　B. 只需要考虑商品价格

    C. 不需要界定相关商品市场　　　　　D. 通常要考虑相关商品市场和相关地域市场

12. 下列关于经营者集中的表述，正确的是（　　）。

    A. 法律不禁止经营者集中

    B. 经营者集中不会造成市场结构变化

    C. 经营者集中包括以合同方式取得对其他经营者的控制权

    D. 对不予禁止的经营者集中，反垄断执法机构应当决定附加限制性条件

13. 下列关于产品质量认证和企业质量体系认证的表述，正确的是（　　）。

    A. 产品质量认证可分为安全认证和合格认证

    B. 企业质量体系认证的对象是某种特定的产品

    C. 产品质量认证的对象是企业保证产品质量的综合能力

    D. 获得企业质量体系认证证书的企业，可在其产品上使用产品质量认证标志

14. 某儿童护肤霜符合国家强制性标准，但含有一种国家标准中未禁止的有害物质，会导致儿童皮肤红肿过敏。该儿童护肤霜应认定为（　　）。

    A. 安全产品　　　　B. 瑕疵产品　　　　C. 缺陷产品　　　　D. 天然产品

15. 依据《消费者权益保护法》的规定，消费者自接受经营者提供的电冰箱之日起一定期限内发现瑕疵，产生争议的，由经营者承担有关瑕疵的举证责任。该期限为（　　）。

    A. 3个月　　　　　　B. 6个月　　　　　　C. 9个月　　　　　　D. 12个月

16. 依据《消费者权益保护法》的规定，消费者网购的下列商品，不适用无理由7日内退货制度的是（　　）。

A. 电视机　　　　　B. 手机　　　　　C. 拖鞋　　　　　D. 定作的大衣

17. 依据《劳动合同法》的规定，用人单位不得解除劳动合同的情形是(　　)。

A. 劳动者在试用期内的　　　　　　　　B. 劳动者患病，在规定的医疗期内的

C. 劳动者因工负伤，医疗期满的　　　　D. 用人单位在破产重整期间的

18. 依据《劳动合同法》的规定，下列关于竞业限制的表述，正确的是(　　)。

A. 竞业限制期限最长不得超过 1 年

B. 竞业限制人员在限制期内不得就业

C. 竞业限制的人员限于用人单位的高级管理人员

D. 劳动者违反竞业限制约定的，应当按约定向用人单位支付违约金

19. 下列自然资源，既可以属于集体所有，也可以属于国家所有的是(　　)。

A. 矿藏　　　　　B. 森林　　　　　C. 海域　　　　　D. 水流

20. 依据我国《水法》的规定，下列表述错误的是(　　)。

A. 水资源属于国家所有

B. 国家实行河道采砂许可制度

C. 为生产经营目的而从地下直接取水，须获得取水许可证

D. 由农村集体经济组织修建管理的水库中的水，属于该集体组织所有

二、多项选择题：本大题共 5 小题，每小题 2 分，共 10 分。在每小题列出的备选项中至少有两项是符合题目要求的，请将其选出。错选、多选或少选均无分。

21. 下列关于合同格式条款的表述，正确的有(　　)。

A. 格式条款与非格式条款发生冲突，优先适用格式条款

B. 格式条款与非格式条款发生冲突，优先适用非格式条款

C. 格式条款与非格式条款发生冲突，选择适用非格式条款或格式条款

D. 对格式条款理解发生争议，应当按照通常理解予以解释

E. 格式条款有两种以上解释的，应当作出不利于提供格式条款一方的解释

22. 对于滥用专利权的强制许可，必须同时满足的条件有(　　)。

A. 专利权自被授予之日起满 2 年　　　B. 专利权自被授予之日起满 3 年

C. 专利权自提出专利申请之日起满 3 年　D. 专利权自提出专利申请之日起满 4 年

E. 专利权人无正当理由未实施或者未充分实施其专利

23. 依据《产品质量法》的规定，承担产品质量责任的主体包括(　　)。

A. 生产者　　　　　　　　　　　　　B. 销售者

C. 产品质量认证机构　　　　　　　　D. 对产品质量作出保证的社会团体

E. 对产品质量作出保证的社会中介机构

24. 依据《反不正当竞争法》，假冒混同行为包括(　　)。

A. 假冒他人注册商标　　　　　　　　B. 假冒知名商品的名称

予（   ）。

    A. 最先发明的人   B. 最先申请的人

    C. 申请人协商确定的人   D. 专利局指定的人

9. 依据《商标法》的规定，注册商标宣告无效的，商标权视为（   ）。

    A. 自始不存在   B. 从公告之日起不存在

    C. 从宣告之日起不存在   D. 从被请求宣告无效之日起不存在

10. 下列标志中，不得作为商标注册的是（   ）。

    A. 颜色组合   B. 立体卡通造型

    C. 图形和字母的组合   D. 国家名称

11. 下列关于行政性垄断的表述，正确的是（   ）。

    A. 行政性垄断行为只损害消费者利益

    B. 行政性垄断行为的主体不限于行政机关

    C. 行政性垄断行为的主体不包括中央政府部门

    D. 行政性垄断行为只出现在商品流通和招投标额域

12. 下列关于商业秘密的表述，正确的是（   ）。

    A. 商业秘密具有排他性   B. 商业秘密仅限于技术信息

    C. 权利人应采取相应的保密措施   D. 通过反向工程手段获取商业秘密非法

13. 在缺陷产品造成损害时，不能免除生产者产品责任的情形是（   ）。

    A. 未将产品投入流通

    B. 产品投入流通时，引起损害的缺陷不存在

    C. 投入流通时，产品经生产者检验合格

    D. 产品投入流通时，科技水平不能发现缺陷的存在

14. 下列关于产品质量检验制度的表述，正确的是（   ）。

    A. 产品出厂时应当检验合格

    B. 产品质量检验只能由企业自己进行

    C. 产品质量检验机构必须是第三方机构

    D. 产品质量检验标准完全由企业自主选择

15. 消费者在消费过程中享有安全权，有权要求（   ）。

    A. 经营者提供的服务不存在危险

    B. 经营者提供的商品具有绝对的安全性

    C. 经营者提供的商品不得存在不合理的危险

    D. 经营者提供的消费场所具有绝对的安全性

16. 下列关于格式条款的表述，正确的是（   ）。

    A. 格式条款是交易双方协商确定的

B. 经营者对格式条款没有说明的义务

C. 格式条款是交易双方在交易时拟定的

D. 格式条款是经营者为重复使用而事先拟定的

17. 劳务派遣单位跨地区派遣劳动者的，被派遣劳动者的劳动报酬标准是（　　）。

A. 派遣单位所在地标准

B. 用工单位所在地标准

C. 派遣协议约定的标准

D. 派遣单位所在地或用工单位所在地标准

18. 下列关于非全日制用工的表述，正确的是（　　）。

A. 必须签订书面协议

B. 劳动报酬必须按月支付

C. 不可以约定试用期

D. 终止用工的，必须提前3天通知对方

19. 依据我国环境保护法的规定，下列表述错误的是（　　）。

A. 预防为主是环境保护的原则之一

B. 环境规划批准实施后不得任意改变

C. 所有建设项目都应进行环境影响评价

D. 环境标准分为国家环境标准和地方环境标准

20. 依据我国自然资源许可制度，养殖许可证属于（　　）。

A. 资源开发许可证　　　　　　　　　B. 资源交易许可证

C. 资源出口许可证　　　　　　　　　D. 资源利用许可证

二、多项选择题：本大题共5小题，每小题2分，共10分。在每小题列出的备选项中至少有两项是符合题目要求的，请将其选出。错选、多选或少选均无分。

21. 有限责任公司股东享有的权利有（　　）。

A. 担任公司独立董事　　　　　　　　B. 查阅股东会会议记录

C. 在公司成立后抽回出资　　　　　　D. 公司新增资本时优先认购

E. 按实缴的出资比例获取红利

22. 下列合同无效的有（　　）。

A. 损害社会公共利益的合同

B. 以合法形式掩盖非法目的的合同

C. 恶意串通，损害第三人利益的合同

D. 以欺诈手段订立的损害第三人利益的合同

E. 以胁迫手段订立的损害第三人利益的合同

23. 依据我国《商标法》的规定，可导致注册商标被撤销的事由有（　　）。

（2）该购销合同效力如何？为什么？

35. 甲公司拥有加工大理石的核心技术，并将其作为商业秘密进行保护。为了工作需要，甲公司培训了张某，使其掌握了该项技术，同时与其签订了5年的劳动合同和保密协议。张某在甲公司工作两年后，乙公司为获得甲公司的商业秘密高薪聘请了张某，在张某指导下乙公司使用该核心技术获利。

问题：

（1）甲公司培训张某的行为是否导致商业秘密公开？为什么？

（2）张某的行为是否侵犯了甲公司的商业秘密？为什么？

（3）乙公司的行为是否侵犯了甲公司的商业秘密？为什么？

2019年4月高等教育自学考试全国统一命题考试
参考答案

一、单项选择题：本大题共20小题，每小题1分，共20分。在每小题列出的备选项中只有一项是最符合题目要求的，请将其选出。

1. 答案：B

解析：公司的股东可以用货币出资，也可以用实物、知识产权、土地使用权等可以用货币估价并可以依法转让的非货币财产出资；但是，法律、行政法规规定不得作为出资的财产除外。

2. 答案：A

解析：公司股东之间转让股权，即对内转让，只要转让方和受让方达成合意即可，其他股东无权干涉。但股东对外转让股权，即向公司以外的人转让股权，除公司章程对股权转让另有规定外，应遵守下列规定：（1）经其他股东过半数同意。这里所说的"其他股东"是指除转让人以外的其他股东；这里所说的"过半数"是指股东过半数，不是指股东表决权过半数。（2）转让股东应在转让前就股权转让事项通知和征求其他股东的意见。其他股东自接到书面通知之日起30日内未答复的，视为同意转让，其他股东半数以上不同意转让的，不同意的股东应当购买该转让的股权，不同意购买的，视为同意转让。（3）其他股东在同等条件下享有优先购买权。如果两个以上股东主张行使优先购买权的，协商确定各自的购买比例；协商不成的，按照转让时各自的出资比例行使优先购买权。

3. 答案：A

解析：合伙人对合伙企业财产进行共同管理，合伙人不得擅自使用、处分合伙企业财产；合伙企业解散前，合伙人不得请求分割合伙企业的财产；合伙人以其财产共有份额出质的，应当经其他合伙人一致同意，否则出质行为无效，或者作为退伙处理；合伙人在合伙企业清算前私自转移或处分合伙财产的，合伙企业不得以此对抗善意第三人，第三人可以善意取得该财产。

4. 答案：B

解析：根据《合伙企业法》第85条的规定，合伙企业有下列情形之一的，应当解散：（1）合伙期限届满，合伙人决定不再继续经营；（2）合伙协议约定的解散事由出现；（3）全体合伙人决定解散；（4）合伙人已不具备法定人数满30天；（5）合伙协议约定的合伙目的已经实现或无法实现；（6）依法被吊销营业执照、责令关闭或被撤销；（7）法律、法规规定的其他原因。

5. 答案：C

解析：以当事人一方还是双方承担义务为标准，可将合同分为双务合同和单务合同。当事人双方相互享有权利，互负给付义务的合同称为双务合同，如买卖合同、租赁合同等。当事人一方负担义务，对方仅享有权利而不负担义务的称为单务合同，如借用合同、赠与合同等。

6. 答案：A

解析：承包人的优先受偿权的规则是：（1）优先受偿权的主体为施工合同的承包人和安装合同的承包人，勘察合同和设计合同的承包人不享有优先受偿权。承包人享有优先受偿权，实际施工人（分包人）也享有优先受偿权。工程合同无效，工程经验收合格的，实际施工人亦享有优先受偿权。（2）优先受偿权的范围为人员工资和垫付的工程款（包括约定的利息）。（3）优先受偿权的客体为商业性工程，不包括公益性工程。工程所涉及的建设用地使用权，虽然应一并处分，但优先受偿权的范围不包含建设用地使用权的价值。（4）优先受偿权的行使方式包括作价、变卖和拍卖。（5）优先受偿权的行使期间为自工程竣工之日起6个月。（6）优先受偿权的效力可以对抗抵押权，但不得对抗已支付了主要价款的消费者的权利。

7. 答案：D

解析：申请人自发明或者实用新型在中国第一次提出专利申请之日起12个月内，又向国务院专利行政部门就相同主题提出专利申请的，可以享有优先权。

8. 答案：D

解析：对下列各项，不授予专利权：（1）科学发现；（2）智力活动的规则和方法；（3）疾病的诊断和治疗方法；（4）动物和植物品种；（5）用原子核变换方法获得的物质；（6）对平面印刷品的图案、色彩或者二者的结合作出的主要起标识作用的设计。但是，动物和植物品种的生产方法，可以依法授予专利权。

9. 答案：C

解析：侵权人因侵权所得利益、被侵权人因被侵权所受损失、注册商标许可使用费难以确定的，由人民法院根据侵权行为的情节判决给予300万元以下的赔偿。

10. 答案：A

解析：两个或两个以上商标注册申请人先后就同一种商品或者类似商品，以相同或类似的商标申请注册的，商标局对申请在先者予以审核和公告，并驳回其他人的申请。申请先后的确定以申请日为准，申请日的确定以商标局收到的申请文件为准。

11. 答案：D

解析：相关市场是指经营者在一定时期内就特定商品或者服务进行竞争的商品范围和地域范围。在反垄断执法实践中，通常需要界定相关商品市场和相关地域市场。

12. 答案：C

解析：经营者集中又称企业合并、企业集中，是指两个或两个以上相互独立的企业合并为一个企业，或者企业之间通过取得股权或资产或通过合同等方式，使一个企业能够直接或间接控制另一个企业。A错：各国反垄断法都对经营者集中保持警惕，经营者集中也成为各国反垄断法规制的重要对象。B错：经营者集中可以形成一定的规模经济，同时也是实现市场力量集中的主要途径。经济力量过度集中会造成市场竞争主体数量减少，市场结构发生变化。D错：对不予禁止的经营者集中，国务院反垄断执法机构可以决定附加减少集中对竞争产生不利影响的限制性条件。

13. 答案：A

解析：产品质量认证，是依据产品标准和相应的技术要求，经认证机构确认并通过颁发认证证书和认证标志来证明某产品符合相应标准和相应技术要求的活动。产品质量认证分为安全认证和合格认证。

14. 答案：C

解析：产品缺陷是指产品存在危及人身、他人财产安全的不合理危险。由题干可知，该儿童护肤霜含有有害物质，会导致儿童皮肤红肿过敏，故存在产品缺陷。

15. 答案：B

解析：为了减轻消费者的举证负担，我国《消费者权益保护法》规定，经营者提供的机动车、计算机、电视机、电冰箱、空调器、洗衣机等耐用商品或者装饰装修等服务，消费者自接受商品或者服务之日起6个月内发现瑕疵，发生争议的，由经营者承担有关瑕疵的举证责任。

16. 答案：D

解析：根据《消费者权益保护法》的规定，下列商品不适用7日内退货制度：（1）消费者定作的；（2）鲜活易腐的；（3）在线下载或者消费者拆封的音像制品、计算机软件等数字化商品；（4）交付的报纸、期刊。此外，对于其他根据商品性质并经消费者在购买时确认不宜退货的商品，也不适用无理由7日内退货制度。

17. 答案：B

解析：劳动者有下列情形之一的，用人单位不得采用预告解雇和经济性裁员方式解除劳动合同：从事接触职业病危害作业的劳动者未进行离岗前职业健康检查，或者疑似职业病病人在诊断或者医学观察期间的；在本单位患职业病或者因工负伤并被确认丧失或者部分丧失劳动能力的；患病或者非因工负伤，在规定的医疗期内的；女职工在孕期、产期、哺乳期的；在本单位连续工作满15年，且距法定退休年龄不足5年的；法律、行政法规规定的其他情形。

18. 答案：D

解析：在解除或者终止劳动合同后，前述人员到与本单位生产或者经营同类产品、从事同类业务的有竞争关系的其他用人单位，或者自己开业生产或者经营同类产品、从事同类业务的竞业限制期限，不得超过2年，故A错。竞业限制是指用人单位出于保守商业秘密的目的，与劳动者约定的在劳动者在职期间或者解除、终止劳动合同后一定期间内，劳动者不得到生产与该用人单位同类产品或者经营同类业务的有竞争关系的其他用人单位工作，也不得自己开业生产或者经营与该用人单位有竞争关系的同类产品或业务，故 B 错。竞业限制的人员限于用人单位的高级管理人员、高级技术人员和其他，负有保密义务的人员，故 C 不全面，错误。劳动者违反竞业限制约定的，应当按照约定向用人单位支付违约金。D 正确。

19. 答案：B

解析：林权是权利人对一定森林或林地、林木所享有的所有权、使用权和经营权的统称。在我国，森林资源属于国家所有，由法律规定属于集体所有的除外。国有企业事业单位、机关、团体、部队营造的林木，由营造单位经营并按照国家规定支配林木收益。集体所有制单位营造的林木，归该单位所有。农村居民在房前屋后、自留地、自留山种植的林木，归个人所有。城镇居民和职工在自有房屋的庭院内种植的林木，归个人所有。集体或者个人承包国家所有和集体所有的宜林荒山荒地造林的，承包后种植的林木归承包的集体或者个人所有；承包合同另有规定的，按照承包合同的规定执行。矿藏、水流、海域等归国家所有。

20. 答案：D

解析：(1) 水资源属于国家所有。水资源的所有权由国务院代表国家行使。农村集体经济组织的水塘和由农村集体经济组织修建管理的水库中的水，归各农村集体经济组织使用。水资源归国家所有，不影响集体或者个人取得水产品的所有权。直接从地下、江河、湖泊等水资源中取水的权利，称为取水权。取水权包括两种情况：(1) 为家庭生活、畜禽饮用取水和其他少量取水的，不需要申请取水许可；(2) 为生产经营的目的而从地下、江河、湖泊直接取水，国家实行取水许可制度，通过获得取水许可证而享有取水权。国家实行河道采砂许可制度，维护河势稳定或者堤防安全。国家对水工程实施保护。在水工程保护范围内，禁止从事影响水工程运行和危害水工程安全的爆破、打井、采石、取土等活动。

二、多项选择题：本大题共 5 小题，每小题 2 分，共 10 分。在每小题列出的备选项中至少有两项是符合题目要求的，请将其选出。错选、多选或少选均无分。

21. 答案：BDE

解析：因为格式条款有它固有的缺陷，为了保护格式条款相对人的利益，《合同法》第 39 条和第 41 条对格式条款的拟定人作了限制性规定：(1) 格式条款与非格式条款发生冲突，优先适用非格式条款。(2) 如果格式条款与普通条款发生冲突，则优先适用普通条款。(3) 当事人双方对格式条款的理解发生争议的，应按照通常理解予以解释。对格式条款有两种以上解释的，当作出不利于提供格式条款一方的解释。

22. 答案：BDE

解析：有下列情形之一的，国务院专利行政部门根据具备实施条件的单位或者个人的申请，可以给予实施发明专利或者实用新型专利的强制许可：（1）专利权人自专利权被授予之日起满3年，且自提出专利申请之日起满4年，无正当理由未实施或者未充分实施其专利的；（2）专利权人行使专利权的行为被依法认定为垄断行为，为消除或者减少该行为对竞争产生的不利影响的。

23. 答案：ABCDE

解析：产品责任的责任主体包括：生产者、销售者、连带责任人（产品质量认证机构、社会团体、社会中介机构）。

24. 答案：ABC

解析：我国《反不正当竞争法》的规定，假冒混同行为包括：（1）假冒他人注册商标的行为；（2）仿冒知名商品行为；（3）假冒他人的企业名称和他人姓名的行为。选项D、E属于虚假标识行为。

25. 答案：ABCDE

解析：五个选项都属于侵犯消费者权利。选项A：强迫消费者购物或接受服务等，都属于强制交易行为，侵犯了消费者的公平交易权。选项B：消费者享有个人信息权，非经消费者同意，经营者不得收集、使用消费者的个人信息。如非经消费者明示同意，经营者不能收集、使用消费者的性取向、宗教信仰等个人信息。选项C、D：消费者有权知悉商品或者服务的真实情况，侵犯了消费者的知情权。选项E：侵犯了消费者的保障安全权。保障安全权是指消费者在购买、使用商品和接受服务时所享有的人身、财产安全不受损害的权利，包括人身安全权和财产安全权。

三、简答题：本大题共6小题，每小题5分，共30分。

26. 答案：

（1）根据《合伙企业法》的规定，除合伙协议另有约定外，吸收合伙人应经全体合伙人一致同意，并依法订立书面入伙协议，订立入伙协议时，原合伙人应当向新合伙人如实告知原合伙企业的经营状况和财务状况。

（2）除入伙协议另有约定外，新合伙人与原合伙人享有同等权利，承担同等责任。新合伙人对入伙前的合伙企业债务承担无限连带责任。

（3）合伙人死亡的，其合法继承人按照合伙协议的约定或者经全体合伙人一致同意，从继承开始之日起，取得该合伙企业的合伙人资格。

27. 答案：

生产者能够证明有下列情形之一的，不承担产品责任：

（1）未将产品投入流通的。

（2）产品投入流通时，引起损害的缺陷尚不存在的。

（3）将产品投入流通时的科学技术水平尚不能发现缺陷的存在的。

28. 答案：

(1) 违约责任是以不履行合同义务为主要条件。

(2) 具有相对性，只能在当事人之间发生。

(3) 具有补偿性，旨在弥补因违约行为造成的损害后果。

(4) 具有任意性，违约责任的比例、数额可由当事人约定。

29. 答案：

(1) 推介的商品或服务不存在。

(2) 商品的性能等信息、服务的内容等信息以及与商品或服务有关的允诺等信息与实际情况不符，对购买行为有实质性影响。

(3) 使用虚构、伪造或者无法验证的科研成果等信息作证明资料的。

(4) 虚构使用商品或接受服务的效果的。

(5) 其他以虚假或引人误解的内容欺骗误导消费者的情形。

30. 答案：

(1) 适用法律、法规确有错误的。

(2) 劳动争议仲裁委员会无管辖权的。

(3) 违反法定程序的。

(4) 裁决所依据的证据是伪造的。

(5) 对方当事人隐瞒了足以影响公正裁决的证据的。

(6) 仲裁员在仲裁该案时有索贿受贿、徇私舞弊、枉法裁决行为的。

31. 答案：

(1) 秘密性，又称非公开性，是指该种信息不为公众所知悉，处于保密状态，一般人不易通过正当途径获得或探明。

(2) 保密性，是指权利人采取了相应的保密措施。

(3) 经济实用性，是指商业秘密的使用可以为权利人带来经济上的利益。

四、论述题：本大题共 2 小题，每小题 10 分，共 20 分。

32. 答案：

(1) 独立董事又称外部董事，是指独立于公司的管理层、不存在与公司有任何可能严重影响其作出独立判断的交易和关系的非全日制工作董事。

(2) 独立董事的作用主要有：能通过其专业性和权威性，弥补董事会决策的失误，提升董事会的整体水平；能够对大股东推荐的董事长起到牵制和制衡作用，维护小股东的利益。

(3) 独立董事除了履行一般董事的职权外，经全体独立董事 1/2 以上同意，还行使认可重大关联交易、提议聘用或解聘会计师事务所、提请召开临时股东大会和董事会、独立聘请外部审计机构和咨询机构、在股东大会召开前公开向股东征集投票权等特别职权，并就以下事项向董事会或股东大会发表独立意见：董事提名和任免，高级管理人员聘任和解聘，董事和高级管理人员的薪酬，股东、实际控制人及其关联企业对上市公司现有或新发生的总额高于300万元或高于上市公司最近经审计净资产值的5％的借款或其他资金往来，公司是否采取措施回收欠款，以及独立董事认为可能损害小股东权益的事项和公司章程规定的其他事项。

（4）独立董事的任期与公司其他董事相同，但连任时间不得超过6年。独立董事的津贴由董事会制定预案，股东大会审议通过，并在公司年报中披露。

33.答案：

驰名商标通常是指那些在市场上享有较高声誉、为相关公众所熟识，并且有较强竞争力的商标。驰名商标依是否为注册商标，可分为注册的驰名商标和未注册的驰名商标。

驰名商标的特殊保护：

（1）对未注册的驰名商标予以保护。

一般来说，商标专用权的取得应通过注册程序，但是驰名商标专用权却可以通过使用而获得。根据《商标法》第13条第2款的规定，就相同或者类似商品申请注册的商标是复制、摹仿或者翻译他人未在中国注册的驰名商标，容易导致混淆的，不予注册并禁止使用。

其中，"容易导致混淆"是指足以使相关公众对使用驰名商标和被诉商标的来源产生误认，或者足以使相关公众认为使用驰名商标和被诉商标的经营者之间具有许可使用、关联企业等特定联系。

（2）扩大注册的驰名商标的保护范围。

为了有效地保护驰名商标，许多国家的商标法都规定对驰名商标的保护范围要大于一般注册商标的保护范围。《商标法》第13条第3款也作出了扩大驰名商标保护范围的规定：就不相同或者不相类似商品申请注册的商标是复制、摹仿或者翻译他人已经在中国注册的驰名商标，误导公众，致使该驰名商标注册人的利益可能受到伤害的，不予注册并禁止使用。

五、案例题：本大题共2小题，每小题10分，共20分。

34.答案：

（1）合同效力待定。《合同法》规定：限制民事行为能力人订立的合同，经法定代理人追认后，该合同有效。因为本案中15岁的张某属于限制民事行为能力人，本合同属于限制民事行为能力人依法不能独立订立的合同，其法定代理人此时也未作追认，故合同效力待定。

（2）A公司有撤销权。因为合同法规定，效力待定合同被追认之前，善意相对人有撤销的权利。本案中A公司为善意相对人，张某的法定代理人并未追认，因此A公司有撤销的权利。

35. 答案：

（1）没有。因为王教授接受学校任务，利用学校实验设备完成的发明创造属职务发明创造，其申请专利的权利属于其单位乙大学。

（2）没有。因为委托发明的权利归属，有约定的依照其约定，没有约定或者约定不明的，申请专利的权利属于完成发明创造的单位或者个人。本案中甲企业与乙大学未约定委托发明的权利归属，申请专利的权利属于受托方乙大学。

2019 年 10 月高等教育自学考试全国统一命题考试
参考答案

一、单项选择题：本大题共 20 小题，每小题 1 分，共 20 分。在每小题列出的备选项中只有一项是最符合题目要求的，请将其选出。

1. 答案：B

解析：股份有限公司的监事会由股东代表和适当比例的职工代表组成，其中职工代表不得少于 1/3，具体比例由公司章程规定。监事会设主席 1 人，并可以设副主席（这是和有限责任公司不同的地方）。监事会主席和副主席由全体监事过半数选举产生。董事、高级管理人员不得兼任监事。

2. 答案：C

解析：公司的解散并非公司法人资格的消失。公司解散后的清算期间，公司仍具有法人资格，但只能进行与公司清算相关的活动。

3. 答案：B

解析：特殊的普通合伙企业除具有普通合伙企业的一般要求外，其最大的特殊性在于合伙责任的承担。具体来说，一个合伙人或多个合伙人在执行业务活动中因故意或重大过失造成合伙企业债务的，应当承担无限责任或无限连带责任，其他合伙人以其在合伙财产中的份额为限承担责任。合伙人非因故意或重大过失造成合伙企业债务以及合伙企业的其他债务，由全体合伙人承担无限连带责任。

4. 答案：A

解析：在合伙企业存续期间，合伙人可以依法转让其财产份额。在合伙人之间转让的，应通知其他合伙人；向合伙人以外的人转让的，应经其他合伙人一致同意，其他合伙人在同等条件下有优先购买权，但合伙协议另有约定的除外。

5. 答案：A

解析：除当事人另有约定外，租赁物在承租期间因不可抗力灭失的，出租人应承担该风险责任，如乙出租给甲的房屋，在租赁期间房屋因雷电起火被烧毁，该风险责任应由甲承担。

6. 答案：B

解析：委托开发合同中技术开发成果的归属：委托开发完成的发明创造，对成果归属有约定的，依照约定；对成果归属没有约定，又不能达成补充协议的，专利申请权和专利权归研究开发人，委托人享有免费使用权和同等条件下的优先受让权。委托开发的技术秘密成果，对成果归属有约定的，依照约定；对成果归属没有约定，又不能达成补充协议的，该技术秘密成果，委托人和开发人均享有使用和转让权利，但研究开发人在将成果交付给委托人之前不得转让给第三人。

7. 答案：A

解析：人民法院可以根据专利权的类型、侵权行为的性质和情节等因素，确定给予 1 万元以上 100 万元以下的赔偿。

8. 答案：B

解析：同样的发明创造只能授予一项专利权。两个以上的申请人分别就同样的发明创造申请专利的，专利权授予最先申请的人。

9. 答案：A

解析：被宣告无效的注册商标，由商标局予以公告，商标权视为自始不存在。

10. 答案：D

解析：根据《商标法》第 10 条的规定，下列标志不得作为商标使用（不得作为商标使用的标志，一定不得作为商标注册）：同中华人民共和国的国家名称、国旗、国徽、国歌、军旗、军徽、军歌、勋章等相同或者近似的，以及同中央国家机关的名称、标志、所在地特定地点的名称或者标志性建筑物的名称、图形相同的。

11. 答案：B

解析：行政性垄断是行政机关和法律、法规授权的具有管理公共事务职能的组织滥用行政权力限制竞争的行为。行政性垄断行为的主体不限于行政机关。

12. 答案：C

解析：商业秘密是指不为公众所知悉，能为权利人带来经济效益、具有实用性并经权利人采取保密措施的技术信息和经营信息。商业秘密的特征：（1）秘密性。（2）权利人采取了合理的保密措施。（3）经济实用性。

13. 答案：C

解析：生产者能够证明有下列情形之一的，不承担赔偿责任：

（1）未将产品投入流通的。例如，擅自使用尚处于产品研发、试验阶段的电动椅，因椅子漏电导致使用者死亡的，死者家属不能因此主张生产者的产品责任。

（2）产品投入流通时，引起损害的缺陷尚不存在的。这意味着产品缺陷的出现与生产者无关。

（3）将产品投入流通时的科学技术水平尚不能发现缺陷的存在的。对于投入流通的缺陷产品，生产者自发现产品缺陷后，负有召回义务，生产者不履行召回义务的，依《侵权责任法》承担侵权责任。

14. 答案：A

解析：我国《产品质量法》明文规定：产品质量应当检验合格，不得以不合格产品冒充合格产品。产品或者其包装上的标识，要有产品质量检验合格证明。企业产品质量检验是产品质量的自我检验，具有自主性和合法性的特点。产品出厂时，可由企业自行设置的检验机构检验合格，也可由企业委托有关产品质量检验机构进行检验。

15. 答案：C

解析：消费者在整个消费过程中都享有安全保障权。这就要求：经营者提供的商品或服务必须具有合理的安全性，不存在危及人体健康及人身、财产安全的不合理的危险。

16. 答案：D

解析：格式条款是指当事人一方事先拟定，并由不特定当事人接受的，具有完整性和定型化的条款。格式条款的特点是：（1）均由一方事前拟定，未经当事人相互协商。（2）要约对象具有广泛性，都是向不特定的公众发出。（3）相对人处于从属地位，不能对其条款进行更改，因此，容易出现显失公平。

17. 答案：B

解析：被派遣劳动者享有的劳动报酬和劳动条件，按照用工单位所在地的标准执行。

18. 答案：C

解析：非全日制用工，是指以小时计酬为主；非全日制用工双方当事人可以订立口头协议；非全日制用工双方当事人不得约定试用期；非全日制用工双方当事人任何一方都可以随时通知对方终止用工。

19. 答案：C

解析：环境保护坚持保护优先、预防为主、综合治理、公众参与、损害担责的原则，故 A 选项的表述正确；环境规划一经批准实施，即要求所有机关、组织或个人均应予以尊重和执行，且不得任意改变，从而确保预定的环境目标能够得以实现，故 B 选项的表述正确；依据《环境保护法》的规定，凡是依法应当进行环境影响评价的建设项目，其环境影响评价文件未依法报经法定的审批部门审查批准的，建设单位都不得开工建设，故 C 选项的表述错误；我国环境标准分为国家环境标准和地方环境标准，故 D 选项的表述正确。综上，本题目应选 C。

20. 答案：D

解析：根据实施管理的范围不同，自然资源许可证可分为以下三大类：

（1）资源开发许可证，如林木采伐许可证、采矿许可证、捕捞许可证和野生植物采集证等。

（2）资源利用许可证，如土地使用证、草原使用证、养殖使用证等。

（3）资源交易进出口许可证，如野生动植物进出口许可证等。

二、多项选择题：本大题共 5 小题，每小题 2 分，共 10 分。在每小题列出的备选项中至少有两项是符合题目要求的，请将其选出。错选、多选或少选均无分。

21. 答案：BDE

解析：我国《公司法》规定的股东的法定权利有：（1）出席股东会的权利，参与公司重大决策和选择经营管理者的权利。（2）被选举为公司董事、监事的权利。（3）查阅股东会会议记录和公司财务报告的权利。（4）按比例获取红利的权利。（5）公司新增出资时，享有优先认购的权利。（6）对其他股东转让出资在同等条件下的优先认购权，如有多个股东均欲购买，则按出资比例享有优先认购权。（7）为公司及股东利益起诉董事、高级管理人员的权利等。

22. 答案：ABC

解析：无效合同的种类如下：

（1）以欺诈、胁迫手段订立的损害国家利益的合同。

（2）恶意串通，损害国家、集体或者第三人利益的合同。

（3）以合法形式掩盖非法目的的合同。

（4）损害社会公共利益的合同。

（5）违反法律、行政法规的禁止性或强制性规定的合同。

23. 答案：ABCDE

解析：（1）商标注册人在使用注册商标的过程中，自行改变注册商标或者自行改变注册人名义、地址或者其他注册事项的，经地方工商行政管理部门责令限期改正，期满不改正的，由商标局撤销其注册商标。

（2）注册商标成为其核定使用的商品的通用名称或者没有正当理由连续3年不使用的，任何单位或者个人可以向商标局申请撤销该注册商标。

24. 答案：ABCDE

解析：滥用市场支配地位的表现形式如下：

（1）以不公平的高价销售商品或者以不公平的低价购买商品。

（2）掠夺性定价行为。

（3）拒绝交易行为。它是指无正当理由，拒绝与交易相对人进行交易。

（4）独家交易行为。

（5）搭售和附加不合理交易条件。

（6）歧视待遇行为。

（7）国务院反垄断执法机构认定的其他滥用市场支配地位的行为。

25. 答案：ABC

解析：有下列情形之一的，用人单位应当向劳动者支付经济补偿：（1）劳动者依照《劳动合同法》第38条规定解除劳动合同的。（2）用人单位依照《劳动合同法》第36条规定向劳动者提出解除劳动合同并与劳动者协商一致解除劳动合同的。（3）用人单位依照《劳动合同法》第40条规定解除劳动合同的。（4）用人单位依照《劳动合同法》第41条第1款规定解除劳动合同的。（5）除用人单位维持或者提高劳动合同约定条件续订劳动合同，劳动者不同意续订的情形外，依照《劳动合同法》第44条第1项规定终止固定期限劳动合同的。（6）依照《劳动合同法》第 44 条第 4 项、第 5 项规定终止劳动合同的。
（7）法律、行政法规规定的其他情形。

三、简答题：本大题共 6 小题，每小题 5 分，共 30 分。

26. 答案：

借款合同的主要特征如下：

（1）借款合同当事人一般是特定的。

（2）借款合同的标的物为货币资金。

（3）借款合同可为有偿合同，也可为无偿合同。

（4）借款合同可以是诺成性合同，也可以是实践性合同。

27. 答案：

（1）具有显著特征，便于识别。

（2）不得与他人在先取得的合法权利相冲突。

（3）不得违反法律的禁止性规定。

28. 答案：

经营者提供商品或者服务有欺诈行为的，应当按照消费者的要求增加赔偿其受到的损失，增加赔偿的金额为消费者购买商品的价款或者接受服务的费用的 3 倍；增加赔偿的金额不足 500 元的，为 500 元。法律另有规定的，依照其规定。

29. 答案：

对于有限合伙人，除合伙协议另有约定外，法律赋予了以下一些特殊权利：

（1）可以同本有限合伙企业进行交易。

（2）可以自营或者同他人合作经营与本合伙企业相竞争的业务。

（3）可以将其在有限合伙企业中的财产份额出质。

30. 答案：

根据我国《产品质量法》的相关规定，生产者应当对其生产的产品质量负责。产品的内在质量应当符合下列要求：

（1）不存在危及人身、财产安全的不合理危险，有保障人体健康和人身、财产安全的国家标准、行业标准的，应当符合该标准。

（2）具备产品应当具备的使用性能，但是，对产品存在使用性能瑕疵作出说明的除外。

（3）符合在产品或者包装上注明采用的产品标准，符合以产品说明、实物样品等方式表明的质量状况。

31. 答案：

（1）即时解雇。

（2）预告解雇。

（3）经济性裁员。

四、论述题：本大题共 2 小题，每小题 10 分，共 20 分。

32. 答案：

股份有限公司发起人责任包括：

（1）股份有限公司成立后，发起人未按照公司章程的规定缴足出资的，应当补缴；其他发起人承担连带责任。

（2）股份有限公司成立后，发现作为设立公司出资的非货币财产的实际价额显著低于公司章程所定价额的，应当由交付该出资的发起人补足其差额；其他发起人承担连带责任。

（3）公司不能成立时，对设立行为所产生的债务和费用负连带责任。

（4）公司不能成立时，对认股人已缴纳的股款，负返还股款并加算银行同期存款利息的连带责任。

（5）在公司设立过程中，由于发起人的过失致使公司利益受到损害的，应当对公司承担赔偿责任。

33. 答案：

《专利法》第 69 条规定了不视为侵犯专利权的五种情形：

（1）专利产品或者依照专利方法直接获得的产品，由专利权人或者经其许可的单位、个人售出后，使用、许诺销售、销售、进口该产品的。

（2）在专利申请日前已经制造相同产品、使用相同方法或者已经做好制造、使用的必要准备，并且仅在原有范围内继续制造、使用的。

（3）临时通过中国领陆、领水、领空的外国运输工具，依照其所属国同中国签订的协议或者共同参加的国际条约，或者依照互惠原则，为运输工具自身需要而在其装置和设备中使用有关专利的。

（4）专为科学研究和实验而使用有关专利的。

（5）为提供行政审批所需要的信息，制造、使用、进口专利药品或者专利医疗器械的，以及专门为其制造、进口专利药品或者专利医疗器械的。

五、案例题：本大题共 2 小题，每小题 10 分，共 20 分。

34. 答案：

（1）无权代理。根据我国合同法的规定，代理权终止后以被代理人名义订立的合同属无权代理。李某原为甲公司业务员，是甲公司的代理人，有代理权。李某被公司解除劳动合同后，代理权终止，无权利用手中盖章的空白合同书签订合同。

（2）有效。李某持有甲公司工作证和盖有甲公司印章的空白合同书，乙公司为善意相对人，有理由相信李某有代理权，李某的行为构成表见代理，该买卖合同有效。

35. 答案：

（1）不导致商业秘密公开。因为甲公司与张某签订了保密协议，采取了相应保密措施。

（2）侵犯了甲公司的商业秘密。因为张某违反保密约定，允许乙公司使用其所掌握的商业秘密。

（3）侵犯了甲公司的商业秘密。因为乙公司为获得甲公司的商业秘密而高薪聘请了张某，并使用该商业秘密，构成侵犯商业秘密。

参考文献

1. 李仁玉．经济法概论（财经类）．北京：中国人民大学出版社，2016.

2. 史际春．企业和公司法．北京：中国人民大学出版社，2018.

3. 崔建远．合同法．北京：法律出版社，2016.

4. 吴汉东，知识产权法．北京：法律出版社，2015.

5. 孔祥俊．反不正当竞争法．北京：法律出版社，2019.

6. 王全兴．劳动法．4 版．北京：法律出版社，2017.

7. 黎建飞．社会保障法．北京：中国人民大学出版社，2019.

8. 周珂．环境与资源保护法．北京：中国人民大学出版社，2015.

图书在版编目（CIP）数据

经济法概论．财经类/学程教育主编．－－北京：中国人民大学出版社，2020.6
全国高等教育自学考试指定教材学习包
ISBN 978-7-300-28190-2

Ⅰ．①经… Ⅱ．①学… Ⅲ．①经济法-中国-高等教育-自学考试-自学参考资料 Ⅳ．①D922.29

中国版本图书馆 CIP 数据核字（2020）第 094665 号

全国高等教育自学考试指定教材学习包
经济法概论（财经类）
学程教育 主编
Jingjifa Gailun（Caijinglei）

出版发行	中国人民大学出版社		
社　　址	北京中关村大街 31 号	邮政编码	100080
电　　话	010 - 62511242（总编室）	010 - 62511770（质管部）	
	010 - 82501766（邮购部）	010 - 62514148（门市部）	
	010 - 62515195（发行公司）	010 - 62515275（盗版举报）	
网　　址	http：//www.crup.com.cn		
经　　销	新华书店		
印　　刷	北京溢漾印刷有限公司		
规　　格	185 mm×260 mm　16 开本	版　　次	2020 年 6 月第 1 版
印　　张	10.75	印　　次	2020 年 6 月第 1 次印刷
字　　数	216 000	定　　价	32.00 元